発達障害の子の
子育て相談

6

キャリア支援

進学・就労を見据えた子育て、職業生活のサポート

梅永雄二 著

本の種出版
bookseeds

はじめに　―働く将来を見越した子育てを―

人は大人になると、多くの人が何らかの仕事に就くことになるでしょう。「日本標準職業分類」によると、わが国には約330種の職業分類があり（総務省、２００９統計基準設定）、会社の数は大企業が1万1千社、中小企業が380万９千社の計382万社が存在します（中小企業庁、２０１６）。もちろん誰もが会社員になるわけではなく、公務員などになる場合もありますが、いずれにしても、仕事に対する興味関心や能力を考えて自分に合った仕事を選択するようになります。

しかしながら、コミュニケーションや対人関係が苦手であったり、注意力が欠如していたり、文字や数字などの理解が弱い、いわゆる発達障害の人たちは、就職に困難を示し、なかなか希望どおりの就職ができない現状です。また、たとえ就職しても、さまざまな理由で離職してしまうことが多いのです。その理由としては、その人がもっている能力と実際の仕事とのミスマッチ、職場においての合理的配慮の不備、発達障害が理解されていないための職場内での人間関係などが考えられます。

学校教育では、アカデミックスキルといわれる国語や算数（数学）などの教科教育が中心となっており、とりあえず勉強ができればいいという風潮になっています。しかしながら、大人になると、身だしなみ、交通機関の利用や車の運転、適切なお金の使い方、健康管理、トラブルに巻き込まれないための法的問題への対処、対人関係やコミュニケーションなど、さまざまな社会でかかわっていく能力が必要とされます。

職業リハビリテーションでは、仕事そのものの能力のことをハードスキル、仕事そのものではないものの適切な服装をして遅刻せずに職場に行く力、職場で必要なマナーなどのことをソフトスキルとよびますが、このソフトスキルの問題が発達障害の人たちの離職の大きな要因となっていることが報告されています。そして、このソフトスキルは小さいときから身につけておく必要がある、また身につけることができるライフスキルの上に成り立っています。

ライフスキルとは、地域で幸せに生きていくための術《すべ》であり、発達障害の人たちの多くは、このライフスキルにとまどいを示し、それが原因で就職や職場定着に困難を示してしまうのです。

実際、大人になって就職したとしても、多くの発達障害者は保護者と生活している人が大多数で、保護者が亡くなったのちに自立した生活ができずに離職してしまう人たちが多いのです。それは、ハードスキルとされる仕事はできても、朝起きてから夜眠るまでの日常生活を保護者がサポートしていることが多く、親亡きあとはこのような日常生活ができないために、それが仕事にも影響を及ぼしてしまうからなのです。

発達障害者が得意としている能力と十分にマッチする職業選択のためには、小さいときからさまざまな体験をすることや、大人になってからの日常生活を考えて家庭や学校でライフスキルを身につけていくことが必要です。それが将来の社会参加、職業的自立につながります。そしてまた、能力と仕事のミスマッチを防ぐためには、小さいときから自分の特性を知ること、得意なものを見つけ伸ばすとともに、苦手な部分については支援を受けることに慣れておくといったことも必要になります。

本書では、将来成人して自分に合った職業に就き、離職せずに定着していくためにどのような家庭での子育て、学校での教育が必要かを、Q&A方式で答える形でまとめました。また、発達障害のある人に向けて、就労と職業生活を支援するしくみがどのように調えられているのか、上手な利用の仕方も含め紹介していますので、将来展望をもつのに役立てることができるものと思います。

２０１７年１月

梅永雄二

もくじ

先生、相談です。将来のために今から

open campus

コラム

先生、相談です。職業生活のサポート

先生、相談です。

将来のために今から

先生、相談です。

将来のために今から

5歳児　男子

ADHD + ASD

保育園に在籍

1 発達障害があっても、普通に働く大人になれるでしょうか

まわりの子と仲よく遊べずトラブルが多かったのですが、小児精神科で発達障害のうちのADHDといわれました。ASD（自閉スペクトラム症）の傾向もあるそうです。保育園では先生に配慮してもらい、元気に過ごせていますが、将来を思うと心配でたまりません。発達障害でも、普通に働く大人になれるでしょうか。

発達障害は見た目ではわかりにくい脳機能の障害

ADHD（Attention-Deficit/Hyperactivity Disorder：注意欠如多動症／注意欠如多動性障害）は、行動のコントロールが難しい障害で、多動性・衝動性・不注意が特徴です。これらの特徴がすべてそろっている人（混合タイプ）もいれば、どれかがめだつ人（多動性・衝動性がめだつタイプ、不注意がめだつタイプ）もいます。大人になるにつれて、多動性・衝動性はおさまることもあるようです。

ASD（Autism Spectrum Disorder：自閉スペクトラム症／自閉症スペクトラム障害）は、社会的コミュニケーションおよび対人的相互反応の持続的障害、興味

関心の限定および反復的なこだわり行動・常同行動、感覚異常（感覚過敏または感覚鈍磨）などを特徴とします。

いずれも、脳機能の障害に基づくもので、見た目だけではわかりにくいものです。発達期に現れるため発達障害とよばれます。ほかには、ＬＤ（Learning Disabilities：学習障害）、発達性協調運動症／発達性協調運動障害（Developmental Cordinidtion Disorder）などがあります。また、一人の子どもに複数の発達障害が見られることも多いものです。

知的な遅れを伴う場合とそうでない場合がある

ＡＤＨＤやＬＤは基本的に知的な遅れ（知的障害）を伴いませんが、ＡＳＤは知的障害がある場合も知的に高い場合もあり、さまざまです。医学的には、知的障害は発達障害の一つととらえます。「発達障害者支援法」においては、ＡＤＨＤやＬＤ、ＡＳＤのうちのアスペルガータイプなど、知的障害を伴わない障害が主たる対象ですが、知的障害を伴うＡＳＤも対象になっています。

できることと、できないことの差が大きい

発達障害のある人の困難は、この知的障害があるかどうかではなく、むしろ能力の偏りによって起こります。知的レベルが全般に低いわけではなく、ある部分では

高い能力をもっているにもかかわらず、それ以外の部分では極端に低い数値を示したりするのです。つまり、すごくよくできることと、あまりできないことの両方があって、得意・不得意の差が大きいのです。

たとえばLDは、知能指数（IQ）はノーマルでありながら、学習に必要な、読む、書く、聞く、話す、計算する、推論する能力のうちどれか、または複数で、困難を示します。例として、読みの障害では、文字の区別ができない、文字を音声に結びつけられないといったこと、計算の障害では、繰り上がり・繰り下がりがわからない、数字や図形を正しく写せないなどの困難があります。これらは、視空間認知の障害（ものの見え方が違う）からくるのではないかといわれています。先ほど、発達障害は脳機能の障害に基づくと述べたのは、このようなことをさします。

ADHD、ASDの場合は…

ADHDの場合は、脳の、集中力、感情コントロール、行動の計画と実行、思考力などにかかわる部分のはたらきや、運動や行動をスムーズに行うための調整機能にかかわる部分のはたらきが弱いことがわかってきました。

ASDでは、人の気持ちを察したり共感したりするのにかかわる部分、相手に合わせた表情や動きをするのにかかわる部分など、やはりはたらきの弱い部分が見つかっています。

働いて生活していくことは可能

このように発達障害では、脳機能の障害に基づく能力の偏りがあって、学習や日々の生活で困難が生じますが、その特性をよく見極めて対応していけば、将来、働いて生活していくことは十分可能です。

基本的には、得意な部分を伸ばして職業に生かせるようにし、職業選択にあたっては適性を十分考慮する、不得意な部分は環境整備やツールなどの利用で極力困難を減らす、といった方針で臨むのがいいでしょう。

基本的な生活習慣は意識して身につけさせる

職業能力も大事ですが、就労にあたっては、その前提として、基本的な生活習慣が身についていることが必要です。生活のリズム、物、時間、金銭の管理といったことです。能力の偏りがあると、定型発達の人なら自然に習得していくこれらのことが、十分身につかないことがあります。小さいうちから、意識して身につけさせるようにしていきましょう。

保育園児であれば、まずは起床、食事、日中活動、就寝のリズムをつけること、身のまわりの整理整頓の習慣づけなどから取り組むといいでしょう。

先生、相談です。

将来のために今から

小3　男子

ASD

通常学級に在籍

2 発達障害があると、大きくなるにつれてどんな問題が生じるのでしょうか

小学3年生の息子がアスペルガータイプのASDと診断されました。学校の勉強にはなんとかついていっています。ただ、今後どういう問題が生じるのか、心配で不安です。また、将来の生活ビジョンをどのように描いておけばいいのでしょうか。

「今の世の中では生きづらい」と言う人たち

大人になった発達障害者はよく「今の世の中では生きにくい」と述べています。とりわけ、ASDの人たちは「常識がない」と言われることが多いようですが、常識がないというよりも、定型発達の人たちが主張する常識というものがわからないから生きづらいのかもしれません。

多くの子が暮らしの中で自然に身につけていく常識（あるいは社会性）をASDの子どもたちはなかなか身につけられません。なぜなら、ASDの特性ゆえに、人から言われたことの真意をとらえたり、その場の空気を読んだり、暗黙の了解を理

解したりすることが、たいそう難しいからです。
そういう、定型発達の子とのギャップは、思春期以降にめだつようになります。小さい頃には保護者や先生などがさりげなくフォローしていたものが、主体性を求められる年代になってフォローが届かなくなり、素の姿が見えてくるためです。

まわりとの違いがいじめ、孤立を生む

ＬＤ、ＡＤＨＤの子も、ＡＳＤとは違った、定型発達の子どもたちとは異なる部分をそれぞれにもっています。ＬＤの場合は、一般に誰でもできることができない、ＡＤＨＤの場合は切れやすいなどの問題となって現れ、学校など集団生活の場で、まわりと合わせるのが難しい状況になりがちです。

その結果こんなことが起こります。みんなと同じ行動ができないため先生に叱られる、それを見ているクラスメイトからもからかわれ、いじめの対象となる……。また、ＡＳＤの子どものなかには昼休みに友だちと遊ぼうとせず、一人きりで孤立状態となっている場合がよく見受けられます。

このような状態が続くと、学校生活が楽しくなくなり、不登校になってしまうこともあるでしょう。学校に行かずに家庭に居続けると、家族は学校に行くように急き立てます。その結果、家族とも接触するのがいやになり、ついに、昼間は部屋にひきこもってしまい、夜に家族が寝静まったあとにそっと起き出し、冷蔵庫から食

べ物を出して食べるといった、昼夜逆転の生活になる可能性があります。

それでも無理に学校に行かせようとしても、学校では先生に叱られ、友だちにいじめられるので、家を出ても学校には行かず、ゲームセンターに入り浸り、やがて非行に走る……といった事態も生じてしまいます。

いじめは障害理解の難しさから

発達障害の人たちが就職した職場で問題になるのが「職場でのいじめ」です。いじめに遭った結果、自尊感情（ｐ23参照）がぼろぼろになり、結果的にうつを発症し仕事を休みがちになったりします。そして、休職、離職へと。休職した場合はいつか復職したいと考えますが、多くの発達障害者は離職・転職を繰り返しているのです。

発達障害はほかの障害に比べ、まだまだ理解が進んでいるとはいえない障害です。視覚障害や脳性まひなどと違って目に見えない障害であること、能力にでこぼこがあって、定型発達の人と同じように（あるいはそれ以上に）できることも多いので、苦手な部分に気づきにくいことなどが原因でしょう。学校や職場でのいじめも、多くは無理解から起こることだといえます。

「障害者」として生きるのか、それとも…

発達障害の人は、成長するにつれて、障害者手帳を取得してさまざまな支援制度を利用し、障害者年金なども受給して生活の安定を図るのか、あるいは手帳を取得せずに、定型発達（健常）者として生きていくのか、迷う場合が出てくるでしょう。一概にどちらがいいとはいえません。

発達障害があるにもかかわらず、自分の能力に合った仕事に就いて、本人も発達障害だとは気づかずに、一生を送る人もたくさんいます。ただ、多くの発達障害の人たちが今の世の中では「生きにくい」と述べているように、社会との相互作用の中で困ったことは起きやすく、支援を受けるとうまくいくこともあります。

知的にボーダーラインの人の生き方が難しい

1で述べたように、発達障害の人には、知的な遅れがある人もいれば知的には高い能力を示す人もいます。知的障害がある場合は、知的障害者としての支援が受けられますが、そうでない場合は、状況に応じて精神障害者としての支援を受けることが可能です（23などを参照）。問題は、知的にボーダーラインの人たちです。知的障害者としての支援は受けたくない、といって精神障害者ともされたくないと思う人たち。あるいは、障害があることに気づかず、自身が困った状況にあるという認識もなく、不利な立場に置かれ窮状に陥ってしまう人たち……。こういう人たちのセーフティネットは設けられていないのが現状です。

先生、相談です。

将来のために今から

小6　女子

LD + ADHD

通常学級に在籍

3 発達障害があると、仕事をしていくのにどのような問題点があるのでしょう

ＬＤでＡＤＨＤもあるとの診断を受けた、6年生の娘のことで相談します。これから、中学校、高校はもちろん、できれば大学へと進学させていきたいのですが、発達障害があると、社会に出て仕事をしていくうえで、どのような問題点があるのでしょうか。

ＬＤ、ＡＤＨＤの場合

お子さんの場合について考えてみます。まずＬＤに関してですが、知能は正常で読む、書く、計算するなどの一部に困難がある場合は、困難な部分を必要としない仕事に就くことで、多くの問題はクリアできます。実際、江戸時代には読み、書きができない人はたくさんいましたが、いろいろな仕事をしていました。現在でも、開発途上国の人たちのなかには読み・書き・計算ができないけれど、さまざまな仕事に従事している人たちがいます。

ただ、近年少子化のため、多くのＬＤ者や知的にボーダーラインの人たちも大学

へ進学する例が増えてきました。その場合、学歴が大卒なので事務的な仕事と考えてジョブマッチングがなされると、難しい場合が生じてきます。

ＡＤＨＤの基本的な特性は不注意、多動、衝動性ですが、多動や衝動性の部分は、成人になるとある程度落ち着いてくる部分もあります。仕事と関連する課題は、不注意な点です。不注意という問題はスマホ、タブレット等に記憶させておくリマインダーなどで対処し、成果を挙げているところもありますが、不注意そのものを治すことは難しい状況です。よって、まわりがある程度サポートする体制を構築しておくことも必要になります。

就職してから課題となるのは…

下表は、高齢・障害・求職者雇用支援機構が実施したアンケートなどをも

[発達障害者を雇用してから生じた支援課題の例]

- 誤字が多い（「校正」と「構成」「公正」「厚生」など）
- 単位を間違える（ｍとmmなど）
- アルファベット（ｂとｄなど）を間違えて指示の場所に置けない
- 上司や同僚の指示を早とちりして誤解する
- 時間の見積もりが悪く、頼まれた仕事の締め切りに間に合わない
- 相手にうまく伝えることができない
- 好ましくない言語表現をして相手に不快な思いをさせる
- 曖昧・微妙な表現を理解しない
- 相手の気持ちを無視して自分の好きなことだけをしゃべり続ける
- 自分勝手な行動をしてまわりからいやがられる
- 感情的になりやすく、かんしゃくを起こす
- 場の空気を読めず、人間関係に支障をきたす

とに著者がまとめたもので、発達障害者を雇用してから生じた支援課題の例です。この表の内容から、多くはＡＳＤの特性が課題となっていることが伺えます。

知的に高いアスペルガータイプなどのＡＳＤの人のなかには、ＩＴ技術や芸術などに特異な才能を示す人も多く、適切なジョブマッチングがなされればすばらしい業績を残すことも報告されています（梅永、２０１５）。そのような能力を所持しているのに、就労で困難を示しているのにはいくつかの理由があります。ＡＳＤに限らず、就労には仕事そのものの能力だけではなく、仕事に対する興味関心や意欲、日常生活能力の確立なども関連しているということです。

仕事にはハードルスキルとソフトスキルの両方が必要

職業リハビリテーションの分野に「ハードスキル」と「ソフトスキル」という用語があります。ハードスキルとは、パソコンの操作ができる、簿記ができる、運転ができる、英語ができる、設計ができるなど、仕事そのものの能力のことをいいます。いわゆる職業能力といわれるものです。

これに対し、ソフトスキルとは、仕事以外の能力のことをいいます。職場で円滑に過ごすために必要な能力のことであり、仕事の能力とともに重要になるものです。たとえば、身だしなみがきちんとできる、遅刻しないで職場に行く、同僚・上司に挨拶ができる、適切なコミュニケーションがとれる、休憩時間を適切に過ごすなどです。いくら仕事ができても、毎日遅刻しているようでは、解雇されてしまうでしょう。このソフトスキルは、小さいときから身につけておくべきライフスキル（地域で生活していく力、日常生活能力）と重なることが多いのです。

コラム

働くうえで必要なスキル

職務遂行能力（ハードスキル）のベースとなるのは職業生活遂行能力（ソフトスキル）であり、さらにそのベースとなるのが日常生活能力（ライフスキル）です。

つまり、ごく小さい頃から家庭で身に着けておくべきライフスキルが十分に身についていないと、ライフスキルの崩壊により、その上にあるソフトスキル、そしてさらにその上にあるハードスキルまでガタガタと崩れていくのです。

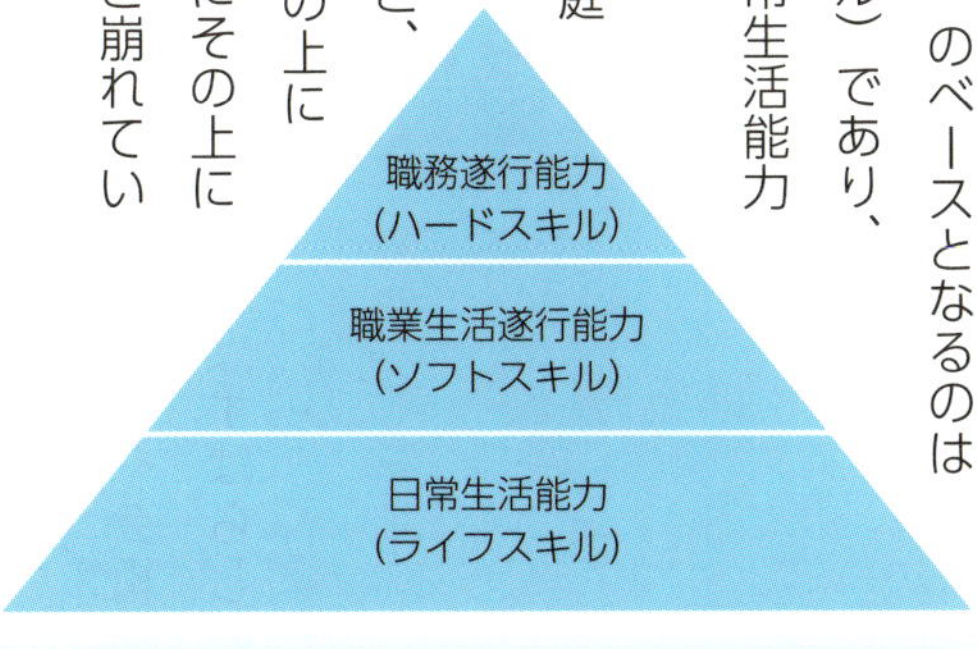

先生、相談です。

将来のために今から

小2 男子

ASD

通常学級に在籍

4 将来の自立のために、子育てで心がけるべきことは何でしょう

算数や理科は大好きでテストも満点をとるのですが、体育や図工といったからだを使う教科はまったくできません。それと、作文が書けません。教育センターで相談したところ、知的な遅れはなさそうだがＡＳＤの特徴が見られるとのこと。こんな子でも将来自立できるのでしょうか。子育てで心がけるべきことは何でしょう。

定型発達の子にはない特性をもつ

ＡＳＤの特徴が見られるとのことですが、ＡＳＤ児は中枢性統合（全体を把握する能力）が弱いことが多く、その結果シングルフォーカスとかトンネルヴィジョンなどといわれることがあります。つまり、「木を見て森を見ず」の状態です。全体把握が難しいため模倣ができず、体育や図工など全体像をとらえて行う活動が苦手ということになります。しかし、木は見ないものの枝や葉、葉脈まで観察している人もいます。この洞察力や集中力は定型発達の子どもにはまず見られない特性です。

この特性は、上手に生かしていくと美術や音楽、数学などの分野で才能となって

花開くことがあります。事実、独特の執着と細密さが魅力の絵画や彫刻は、アール・ブリュット（加工されない生《き》の芸術＝正規の美術教育を受けない人による、何ものにもとらわれない表現）とよばれ、近年、注目を集める作家も登場しています。

得意なところを伸ばすという考え方で

誰もが芸術家になるわけではありませんが、覚えておきたいのは、発達障害の人の優れた能力を発見し、それを生かしていけば、りっぱな業績を残す可能性があるということです。得意なところを早めに見つけて、伸ばしていくことが大切です。

世界に目を転じてみましょう。『アスペルガーの偉人たち』を著したイアン・ジェイムズによると、このようなユニークな能力をもっていたアスペルガータイプのＡＳＤだと思われる人たちに、画家のピカソ、ダリ、アンディ・ウォーホル、彫刻家のミケランジェロ、音楽家のモーツァルト、ドボルザーク、エリック・サティ、科学者のニュートン、建築家のガウディらがいます。

また、本人もＡＳＤと診断されているテンプル・グランディンさんは、現在、米国コロラド大学の教授ですが、小さいときには、牧場を経営している叔母の家に行くのが大好きでした。そこには牛を締め付ける機械が置いてあり、自分の身体を締め付けてみると、その感覚がとても気に入りました。そして、大人になると締め付け機を改良する研究をして、商品化しています。

先生、相談です。

苦手なことは必要に応じて助けてもらう

本来もつ特性のために苦手でできないことを、訓練してできるようにするのは、とても困難であり、子どもには苦痛な体験となります。できないところは、必要に応じて助けてもらってもいいという考えも、ときには必要です。

たとえば、車椅子の人が電車に乗ることを考えてみましょう。駅にエレベーターがなければ、階段を上る際に駅員の手助けが必要です。ホームと電車との間に隙間がある場合は、そこにボードを置いてもらうことになります。

発達障害の人たちも同様です。ビジュアルラーナー（p29参照）のASDの人の場合、聞くことが困難であれば紙に書いてもらってもいいでしょう。逆にオーディトリラーナー（p29参照）のLDの人の場合は、指示書を見るのではなく口頭で言ってもらって、必要に応じてICレコーダーなどに録音して、わからなくなったらいつでも聞き直すような、支援を受けてもいいのです。

［得意なことを伸ばす、苦手なことはサポート］

得意	苦手
●積極的にトレーニング ●ほめて伸ばす	●サポート ●無理にさせない

何もかも障害のせいにしないことも大切

障害の特性によってできないことを無理に求めてはいけませんが、だからといって障害ゆえに何もかも許されるということではありません。社会生活に必要なルール・規範は守るようにさせなければなりません。小さいときから、きっちり教え込むようにしましょう。

そのルール・規範の学習の仕方がほかの人たちと異なる場合があるので、特性に合わせ、わかりやすいように学習してもらうことが必要です。

自尊感情が育つ子育てを

自尊感情（Self-Esteem）とは自己肯定感ともいい、自分に価値があると思える感情のことです。発達障害の人は、小さいときから学校や家庭でできないところばかり指摘され、この自尊感情が低くなりがちだといわれます。そうなると、何をやってもだめだと自信を失い、極端な場合は人と会うのもいやになってしまいます。

誰でも、けなされるよりもほめられるほうがうれしいものです。自尊感情を高めるためには、とにかくほめることです。できないことに目を向けるのではなく、できることを大いにほめ「すごい」「よくできたね」「がんばったね」と声をかけます。

成功したスポーツ選手や芸術家のなかには、ちょっとしたことをほめられた経験が、その後の大きな力になったと話す人も多いのです。できるかぎりほめて育て、成功体験を多く積ませましょう。そうすることで、自尊感情はおのずと高まることでしょう。

コラム

ＡＳＤ（自閉スペクトラム症／自閉症スペクトラム障害）の「発見」と現在

従来「自閉症」は、その名称からひきこもりやうつ病のような心の病をイメージする人が多いようです。文部科学省では、「自閉症とは、３歳位までに現れ、①他人との社会的関係の形成の困難さ、②言葉の発達の遅れ、③興味や関心が狭く特定のものにこだわることを特徴とする行動の障害であり、中枢神経系に何らかの要因による機能不全があると推定される」とし、そのうち「知的発達の遅れを伴わないもの」を高機能自閉症と定義しています。

１９４３年に自閉症という障害を世界で最初に発表したのは、アメリカの児童精神科医レオ・カナー博士でした。彼は11人の子どもの症例に知的障害児とは異なる特徴が見られることを示し、「Autism：自閉症」と名づけました。カナーは最初、このような子どもたちを記憶力の高さなどから「能力の孤島」と命名し、その障害は知的に高いところがあるため、母子関係の問題から生じた情緒障害と考えた時期もあったようですが、その後この考えを修正しています。現在では、何らかの要因で脳に器質的な損傷を起こした発達障害と考えられるようになりました。

現在でも、自閉症児のなかには「年月日」を示すと即座に「曜日」を答えるカレンダーボーイ（ガール）といわれる人がいます。また、一度目にしただけのものを写真に撮ったように絵に描ける、聞いた音源をすぐにピアノなどの楽器で弾くことができるといった人が存在しており、このような特異な能力をもつＡＳＤ者はサヴァンとよばれています。

知的障害を伴う自閉症の特性で、社会参加のネックとなるのは大きく二つ。コミュニケーションの障害と、もう一つは自傷や他害、かんしゃくなどの不適切行動です。この二つは別々に存在するのではなく要求や拒否などのコミュニケーション行動として生じることも多いのです。

高機能自閉症とほぼ同義として使用されるアスペルガー症候群は、オーストリアの小児科医ハンス・アスペルガー博士が１９４４年に４人の症例を発表し、その後イギリスの精神科医ローナ・ウイング博士が原語のドイツ語を英文に訳して紹介してから世界に広まりました。この症例は比較的知的な遅れがなかったため、のちに知的障害を伴う自閉症をカナー型というのに対し、アスペルガー症候群は知的に高い自閉症というような見方をされるようになってきました。

現在、米国の精神障害診断統計マニュアルＤＳＭ－５では、ＡＳＤ（Autism Spectrum Disorder）という用語が用いられ、診断基準として「社会的コミュニケーションおよび対人的相互反応における持続的な欠陥」「行動、興味、または活動の限定された反復的な様式」といった症状が「発達早期に存在」し、「臨床的に意味のある障害を引き起こしている＊」と示されています。ＡＳＤは元はローナ・ウイングが提唱した語で、知的障害を伴う自閉症から高機能自閉症・アスペルガー症候群まですべてつながっているという意味であり、そのためスペクトラムという表現が用いられているのです。よって、本書では自閉症とアスペルガー症候群を合わせてＡＳＤ（自閉スペクトラム症／自閉症スペクトラム障害）という語を用いることにします。

ＡＳＤの人たちの社会参加の問題は、知的に高い人ではコミュニケーションを含む対人関係が中心となっています。

＊訳語は『ＤＳＭ－５　精神疾患の分類と診断の手引』（医学書院）」による

先生、相談です。

将来のためにに今から

小4 女子

LD

通常学級に在籍

5 ディスレクシアの可能性があるといわれました…

小学校に入学して、徐々に学校の勉強についていけなくなりました。とりわけ国語が苦手のようで、教科書を読むとつっかえることが多く、時間もかかります。児童相談所で相談したところ、LDのうちのディスレクシアの可能性があるといわれました。会話は普通にでき、知的好奇心もあるのですが、どんな障害なのでしょう。

文字を読むのに困難がある

ディスレクシア（Dyslexia）とは、読字障害、難読症ともよばれ、文字を読むことに困難がある障害です。文字の区別ができない（似ている文字の区別がとりわけ難しい）、文字を音声に結びつけられないといったことが生じます。音声で聞く言葉の理解に問題はなく、むしろ会話は達者という場合などは障害に気づかれず、人知れず苦労することがあります。

ディスレクシアは、LDの7割を占めるといわれており、著名な人にミッキーマウスを世に送り出したウォルト・ディズニー、ナチスドイツを破ったウイストン・

チャーチル、ハリウッドの俳優トム・クルーズなどがいます。読み書き計算が苦手で落第を繰り返し、弟に学年を追い越されてしまったデイブ・ロンガバーガーは、世界的なバスケットの会社を立ち上げた大企業家です。映画監督のスティーブン・スピルバーグなども、自分がディスレクシアであるとカミングアウトしています。

文字を書くことの困難にもつながる

文字が読めないということは、その結果として文字を書くことにも困難を生じることがあり、この場合は書字障害となります。これをディスグラフィア（Dysgraphia）とよびます。ディスグラフィアは、うまく文字を書くことができない、書いても鏡文字になってしまう、句読点が打てない、助詞のつけ方がわからない、小さい「っ」などの促音、「キャ、キュ、キョ」などの小さい「ャ・ュ・ョ」の拗音、「飛んで」の「ん」などの撥音《はつおん》などをうまく表すことができず、促音や拗音を大きな文字で書いてしまうなどがあります。

計算の障害というLDの場合は…

お子さんとは異なりますが、計算の障害はディスカルキュリア（Dyscalculia）とよばれ、足し算をする際に3＋5はわかるけれども、5＋8などの繰り上がりや15－8などの繰り下がりがわからない、数字や図形を正しく写せない、買い物をし

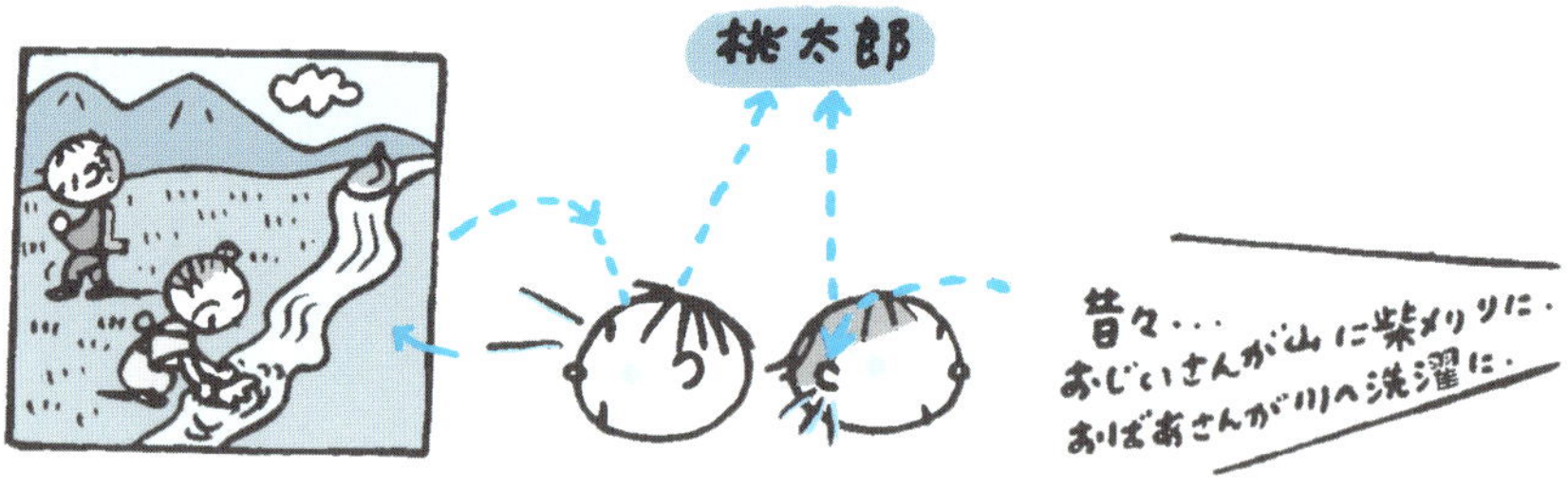

てもお釣りの計算ができないなどの困難性があります（29参照）。また、数字に嫌悪感があると、長さや重さの単位が入ってくると混乱する人もいます。

認知の過程の障害だと理解しておく

読字障害にしても書字障害にしても、視覚障害によるものではないという点が重要です。ものを見る機能ではなく、見たものをどう認識するかという脳の認知機能の障害なのです。認知とは、理解と考えてもいいでしょう。たとえば、「山」という文字を目で見て、そのままの形の画像として「山」をとらえていても、それが「山（やま）」という字だと認知（理解）できないということです。

同時処理と継次処理という認知の仕方がある

人の認知の仕方には、一度に多くの情報を把握する同時処理という能力と、時間の流れとともに徐々に把握する継次処理という能力があります。

一枚の絵に、おじいさんが山で柴《しば》刈りをしていて、おばあさんが川で洗濯をし、その川に桃が流れてくる状況が示されたとしたら、多くの日本人は『桃太郎』という昔話を想起するでしょう。これは同時処理能力というものをはたらかせているからです。一方、子どものときに「昔々のことじゃった。おじいさんが山に柴刈りに行き、おばあさんが川へ洗濯に……」と聞かされる場合は、継次処理の能力をはたらかせなければなりません。

LDの人は継次処理が得意？

どちらの処理が得意か（どちらの処理をより多く使うか）によって、ビジュアルラーナー（Visual Learner）、オーディトリラーナー（Auditory Learner）とよんで区別することがあります。ASDの人がビジュアルラーナーといわれるのに対し、LDの人はオーディトリラーナーとよばれています。つまり、耳から入ってくる継次処理のほうが得意な場合があるのです。

詳しい検査で認知特性を調べる

お子さんがどのような認知特性をもっているかは、検査で調べることができます。どの検査が適切かは教育センターや児童相談所等の専門家との相談のうえになりますが、WISC、WAISといったウェクスラー系の知能検査や、K-ABCといった発達検査があります。このようなフォーマルなアセスメントによって、認知の特性がわかり、それにより適切な学習の仕方も明らかになってくるでしょう。将来適職を見つけるときにも、本人の認知特性に合った職業を選択することが可能となります。そのためには、発達検査等によって見出された特性を保護者も一緒に把握し、できないことはできなくてもいいという共通理解をしておくことが大切です。

先生、相談です。

将来のために今から

小6 女子

ASD

通常学級に在籍

6 まわりから孤立しがちです。社交性を育てることはできますか

学校でのようすが気になり昼休みに訪れてみると、校庭で何をするでもなく一人ぽつんと立っていました。本人に聞くと、いつも昼休みはそういった状況のようで、まわりの子と遊ぶことはないとのことでした。親しい友達もいません。このまま人とかかわれないままでいるのかと心配です。社交性を育てることはできますか。

対人関係がうまくできないのがASD

ＡＳＤの定義の一つがコミュニケーションや対人関係に困難性があるということです。小さい頃から、ほかの子どもと遊ぼうとしない姿が見られます。

たとえば、砂場で遊ぶ場面では、スコップでバケツに砂を入れたり山を作ったりする子どものかたわらで、一人で砂を高く投げて、落ちてくる砂の粒を眺めて楽しむといったような姿です。そしてまた、その砂がほかの子にかかってしまい、近くにいる大人から叱られても、なぜ叱られているかはわからなかったりします。

お子さんにも同じようなことがあったのではないでしょうか。

社交性を身につけさせることはできる？

社交性を育てられるかどうかについて、多大な期待はしないほうがいいかもしれません。4でも紹介したテンプル・グランディンさんは、次のように述べています。ＡＳＤ児は「社会的な面で発達が遅れているのだということを、つねに心に留めておかなければいけません」「形式にとらわれた従来の理論に沿って、社会性や社交スキルを指導すれば、子どもが学び、成長する機会をますます制限してしまいます」「親や教師など、自閉症・アスペルガー症候群の人とかかわる人は、社交的でない人間を社交的にすることはできないと心得ておきましょう」（『自閉症感覚―かくれた能力を引きだす方法』ＮＨＫ出版）。

人とのやりとりが苦手だからＡＳＤと診断されるのに、ソーシャルスキル・トレーニング（Social Skills Training：SST　コラム参照）などによって対人関係を強制的に身につけさせようとするのは、車椅子の人に「立って歩きなさい」、視覚障害の人に「ちゃんと見なさい」と言っているようなものかもしれません。対人スキルがまったく身につかないということではありませんが、人の気持ちをくんで対応するといったスキルの獲得には限界があるということを覚えておきたいものです。

ＡＳＤだと「心の理論」の理解が難しい

イギリスのサイモン・バロン＝コーエンという人が、定型発達幼児とＡＳＤ幼児

に行った研究があります。以下にその内容を簡単に紹介します。

「サリーが一人で家の中で遊んでいたのですが、屋内での遊びに飽きて玩具をＡという箱に片づけて外に遊びに行きました。それを影で見ていたアンという女の子がその玩具をＢという別の箱に隠しなおしました。サリーが家に戻ってきてまた玩具で遊びたいと思いました。さて、どこを探すでしょう」という質問をしました。定型発達の幼児たちはサリーが自分で玩具をしまったＡという箱を探すと答えたのに対し、ＡＳＤの幼児たちはアンが隠したＢという箱を探すと答えたのです。

この研究が示すことは、ＡＳＤ児は事実は理解できるものの他者の気持ちを推し量ることができないということです。これを「心の理論」とよびます。ＡＳＤ児では、「人の気持ちを考えなさい」といった形でのトレーニングには限界があるのです。

ＡＳＤの特性を把握した指導法で社会的スキルの獲得へ

ただ、社会的ルールや職場のマナーなどは、パターン化して教えることはできます。その際、紙に書かれた文章で示すソーシャルストーリーズ™（p75コラム参照）や、簡易な絵で示すコミック会話（p87コラム参照）などを用いると、言葉だけで指導するより学習が容易になります。

実際の場面を想定し、シミュレーションしていくことにより、多くの社会的スキルを獲得できるでしょう。

コラム

ソーシャルスキル・トレーニング

ソーシャルスキルとは社会的能力という意味ですが、わが国では、カリフォルニア大学ロバート・リバーマン教授の訓練法であるソーシャルスキル・トレーニング（Social Skills Training：SST）が「社会生活技能訓練（社会技能訓練）」と訳され、コミュニケーションや対人スキルの意味合いが強くなっています。認知行動療法がベースです。

特定の場面を設定して対人行動やコミュニケーションのモデルを示し、模倣しながらロールプレイを行います。それに対して指導者や他の参加者は決して否定せず、ほめることで「強化」を行います。「視線が合っていてよかった」「声の大きさは適切だった」などとフィードバックします。修正すべき箇所については、ホームワーク（宿題）として、家庭で練習をしてきてもらい、次回のセッションで実施します。

わが国では、精神科リハビリテーションにおいて、統合失調症の寛解者などに広がりを見せているトレーニングです。

先生、相談です。

将来のために今から

5歳児　女子

ASD + ADHD

幼稚園に在籍

7 日本の学校では、どんなキャリア教育がなされていますか

ADHDの傾向のあるASDと診断された幼稚園児の娘のことです。これから小学校、中学校、高校へと進学していく中で、将来仕事に就けるような教育がなされるのでしょうか。学校にまかせていていいのか、それとも、保護者が何かしていくべきなのか、現状について教えてください。

キャリア発達にかかわる諸能力は多様

文部科学省が2006（平成18）年に示した「小学校・中学校・高等学校キャリア教育推進の手引―児童生徒一人一人の勤労観、職業観を育てるために」によると、キャリア教育において身につけさせる力として、①人間関係形成能力（自他の理解能力とコミュニケーション能力）、②情報活用能力（情報収集・探索能力と職業理解能力）、③将来設計能力（役割把握・認識能力と計画実行能力）、④意思決定能力（選択能力と課題解決能力）が挙げられています。

かなり多様で、総合的な能力が求められていることがわかります。

「キャリア教育」と「職業教育」

文部科学省はキャリア教育を「一人一人の社会的・職業的自立に向け、必要な基盤となる能力や態度を育てることを通して、キャリア発達を促す教育」と定義しています（中央教育審議会「今後の学校におけるキャリア教育・職業教育の在り方について」２０１１）。また、職業教育については「一定又は特定の職業に従事するために必要な知識、技能、能力や態度を育てる教育」としています（同）。

つまり、職業教育はキャリア教育に含まれますが、キャリア教育で培われる能力とは、職業だけではなく、職業教育を包含するより大きな意味での大人として社会で自立できる能力全般をさすものと考えられます。また、職業能力について「専門的な知識・技能の育成は、学校教育のみで完成するものではなく、生涯学習の観点を踏まえた教育の在り方を考える必要がある」とも記されています。

実際の施策では職業高校や専門学校での人材育成に重点

実際の施策ではどうでしょうか。文部科学省「平成29年度概算要求主要事項」によると、「キャリア教育・職業教育の充実」は、第1項「学力と人間力を備えた人材を育成するための教育再生の実現」の「1.社会を生き抜く力の養成」の第9項に挙げられており、「小学校からの起業体験や中学校の職場体験活動、高校におけるインターンシップ等のキャリア教育を推進するとともに、農林水産高校等の専門

高校（専攻科を含む）においては、社会の第一線で活躍できる専門的職業人を育成するとともに、中学生や保護者等の理解・関心を高めるための方策について調査研究を行う。さらに、学習と実践を組み合わせて行う効果的な教育手法の開発を進めるとともに『職業実践専門課程』に係る取組を推進し、専修学校全体の質保証・向上等を図る」ことになっています。具体的な施策・事業を左の表に示します。

これによると、小中学校での取り組みも事業化されてはいますが、おもには農林水産高校等の職業高校や専修学校における人材育成など、実際の仕事と直結した職業教育に重点をおいた予算要求となっており、**4**、**5**、**6**を含めて職業高校や専修学校がキャリア教育機関として評価されていることがわかります。

発達障害がある場合はどうか…

表中の**2**では、高校中退者等への就労支援について、地域若者サポートステーション等関係機関との連携が示されています。現実には、発達障害生徒のなかで就職できずにひきこもりがちとなり、地域若者サポートステーションで相談する人も多い状況です（24参照）。

職業高校や専修学校は、そこで学ぶスキルが卒業後そのまま実際の仕事につながるため、実践的なキャリア教育と考えられますが、対象の生徒がＬＤ、ＡＤＨＤ、ＡＳＤ等の発達障害生徒の場合、検討すべき事項も残されています。

[文部科学省「キャリア教育・職業教育の充実」による施策・事業]　(2017年度)

1　将来の在り方・生き方を主体的に考えられる若者を育むキャリア教育推進事業　(72百万円)

①「キャリア・パスポート」普及・定着事業

児童生徒が自らの学習活動等の学びのプロセスを記述し振り返ることを通して、自己のキャリア形成に生かす「キャリア・パスポート(仮称)」の導入に向け、その活用方法等についての調査研究を実施する

②小・中学校等における起業体験推進事業

児童生徒がチャレンジ精神や、他者と協働しながら新しい価値を創造する力など、これからの時代に求められる資質・能力の育成をめざした起業体験活動を行うモデルを構築し、全国への普及を図る

③キャリア教育の普及・啓発等

キャリア教育推進連携シンポジウムの開催等

2　地域を担う人材育成のためのキャリアプランニング推進事業　(26百万円)

「キャリアプランニングスーパーバイザー」を配置し、地元への愛着を深めるキャリア教育の推進等を通じ、地元に就職し地域を担う人材を育成する。また、高校中途退学者等への就労等支援についても、地域若者サポートステーション等関係機関と連携した取組を実施する(21人→47人)

3　スーパー・プロフェッショナル・ハイスクール　(235百万円)

高度な知識・技能を身につけた専門的職業人を育成するため、専攻科を含めた5年一貫のカリキュラムの研究や大学・研究機関等との連携など先進的な卓越した取組を行う専門高校を指定して調査研究を実施する(指定校数：24校→32校)

4　農林水産高校等の魅力発信に関する調査研究事業　(14百万円)

農林水産高校等の専門高校に対する中学生や保護者等の理解・関心を高めるため、今後の魅力発信方策についての調査研究を行う

5　専修学校を活用した地域産業人材育成事業　(272百万円)

各分野における専修学校と産業界・行政機関等の連携による人材育成の在り方を検討する持続可能な協議体制の整備を促し、専修学校を活用した社会人等の学び直し講座の開設や、ポータルサイトの活用による社会人の学び直し機会の改善・充実を図る(14分野)

6　専修学校版デュアル教育推進事業　(302百万円)

専修学校において、これからの時代に求められるアクティブ・ラーニングの在り方を見据え、学習と実践を組み合わせて行う効果的な教育手法を開発し、学校・産業界双方のガイドラインとして作成・共有化することにより、質保証・向上を図りつつ、実効的・組織的な産学協同による教育体制の構築をめざす(12か所→24か所)

7　職業実践専門課程等を通じた専修学校の質保証・向上の推進　(283百万円)

専修学校における研修体制づくり等の推進や、高校や企業等への効果的な情報発信の在り方について検討・検証を行うとともに、職業実践専門課程認定校を中心とした第三者評価の導入等の取組を通じて、職業教育の充実及び専修学校の質保証・向上を図る(12か所)

それは、仕事に対する情報において、定型発達の子どもたちは徐々に仕事の情報を知るようになってきますが、発達障害児はごく限られた職種しか知らないといったことです。その結果、定型発達児は小学校から中学校、高校と、年齢の経過とともに抽象的な仕事から具体的な職種へ絞り込んでいきますが、発達障害児は職種の理解が進まず、Jリーガーになりたい、アイドルになりたいなどと、夢のような仕事を希望し続けます。そして、大人になって就労する際に定型発達児は自分の就きたい職種に対して、情報を集め、必要に応じて研修やトレーニングを受けようとしますが、発達障害児は就職が近づく年齢になっても自分の就きたい職種が曖昧であるため、何をしたらいいのかわからない、たとえ具体的な職種を決めたとしても、そのために何もしないといった状況になってしまいます（p104の表参照）。

なお、前ページの表には示されていませんが、軽度の知的障害生徒の場合、職業的自立を支援する単独の特別支援学校として「高等特別支援学校」があります。高等特別支援学校は、生徒全員が就職をめざすことを目的としているため、高校における授業科目として、流通や食品、福祉など、卒業後、その地域ですぐに就職できるようなものが設けられています。ただし、入学するためには選抜試験があります。

小さいときから仕事への意識づけと体験を

こうした現状をふまえると、保護者としての心構えができますね。学校まかせにするのではなく、積極的に仕事への意識づけをしていきましょう。そして、できればその仕事を体験させてみることをお勧めします。体験によって、その仕事が好きか嫌いかといったニーズアセスメントができます。そして、好きそうであれば、その仕事に就くためには何をしておくべきかといったことを親子でともに考えていきます。

たとえば、医師や薬剤師になるためには大学の特定の学部に進学しなければなりません。弁護士や裁判官になるためには、法科大学院に進学し、わが国で最も難しいといわれている司法試験に合格する必要があります。学校の先生になるためには大学の教育学部に進学することが近道ですし、公務員になるためには法学部や経済学部を検討することになるでしょう。

特性に合った職業がきっと見つかる

キャリア教育は決して就職直前に行うのではなく、小さいときから将来大人になってからのことを考えて、できるだけ早くから情報を集め、体験していくことが大切です。娘さんはＡＤＨＤの傾向のあるＡＳＤとのことですが、特性に合った職業がきっと見つかります。

ＡＤＨＤには発想の豊かな人も多く、エジソン、ダ・ヴィンチ、そして坂本龍馬もそうであっただろうといわれています。オリンピックの水泳競技で何度も金メダルを獲得したマイケル・フェルプス選手も、ＡＤＨＤの診断を受けています。

先生、相談です。

将来のために今から

小6　男子

ADHD

通常学級に在籍

8 発達障害の子の自立に向けての取り組み例はありますか

来年から中学生になる息子のことで相談します。ＡＤＨＤの傾向があるといわれ、教科によっては通級による指導を受けています。年齢の割には日常生活で幼児のようにうまくできないところがあり、大人になるにつれてこれでいいのか心配です。気をつけておくべきこと、自立に向けての取り組み例などあれば教えてください。

米国ではＩＥＰとＩＴＰによる教育を実施

米国では障害のある子どもに対し、３歳から21歳までＩＥＰ（Individualized Educational Plan：個別教育計画）を作成して教育を行っています。ＩＥＰはある程度の年齢になってくると、卒業後の成人生活を考え、ＩＴＰ（Individualized Transition Plan：個別移行計画）になります。ＩＴＰの中では学校卒業後の自立を考え、左ページの表のような11の項目が示されています。

ＩＴＰの各項目が必要なわけ

発達障害生児童・生徒には、なぜこのような項目が必要となるのでしょうか。具体的にいくつか見てみましょう。

【移動能力】たとえばLD児の場合、視空間認知の障害により方向感覚がわからなくなり（方向音痴）、指定された場所に行くことができないディスマッピア（地図が読めない、地理感覚がわからない）という障害が出てくることがあります。

また、時間概念が不十分なため遅刻してしまったり、感覚過敏のあるASD児の場合、音や匂い、人の多さに敏感なため電車やバスに乗れないという子どももいます。

【身辺自立】髪の毛やひげが伸びっぱなし、化粧ができない、入浴をしない（髪の毛にふけがついている）、歯を磨かないといった問題だけではなく、季節に合った服が選べず、いつも同じ服を着ている、身につける服のデザインが常識はずれであるといった、衣服の選択に困難を示す人がいます。

【医療・保健】健康管理ができていない、病気になってもその症状をうまく説明できない、といった人がいます。

【居住】アパートで独り暮らしをした場合、掃除ができない、ゴミ出しをしないために部屋がゴミ屋敷状態になる、また電気・

[米国での障害児教育におけるITP（個別移行計画）に含まれる11項目]

1. 移動能力	2. 身辺自立	3. 医療・保健	4. 居住
5. 余暇	6. 対人関係	7. 地域参加	8. 教育・就労
9. お金の管理	10. 法的な問題	11. 毎日の生活	

太りすぎかも…　買い物は計画的？　服装は季節に合ってる？

ガス・水道料金や部屋代を納めずため続けている、などです。

【余暇】人と一緒に行動できない、奇妙なあるいは常識はずれな余暇の過ごし方をしてしまう、といった状態です。

【地域参加】学校に行けない、家にずっといて外に出ないなどの問題があります。

【教育・就労】学校の勉強についていけない、教科の成績に極端なばらつきがある、授業に集中できない、集団行動がとれないといった問題を呈する人がいます。

【お金の管理】無駄遣いが多い、貯金をしない、計画性なく高額なものを購入する、サラ金で借金をするなどの問題が生じています。

【法的な問題】犯罪に巻き込まれる、あるいは万引きや無銭飲食、ストーカーなどの犯罪に手を染めることも報告されています。

【毎日の生活】ジャンクフードなど偏った食生活のため肥満や生活習慣病を患ってしまう、新聞や宗教団体の勧誘を断れず、複数の新聞をとってしまったり、宗派が違うにもかかわらず複数の宗教団体に入信してしまう、訪問販売で（近年はネット販売も）高額な買い物をし、自己破産をしてしまうといった状態も報告されています。

最重要課題は「対人関係」

そして、最も問題なのは「対人関係」といえるでしょう。おもにＡＳＤの人に該当すると思われますが、適切な感情表現ができない（笑顔が出せない）、適切な会話ができない（一方的にしゃべり続ける、人のいやがることを平気で言うなど）、食事のマナーが悪い（4、5人が座っているテーブルで、みんなで食べるようにいわれたお菓子を自分だけで食べてしまう、人前でゲップするなど）、人にだまされやすい（平気でついていくなど）、トラブルを生じやすい（わがまま、自分勝手と思われたり、自分の意見が通らないとかんしゃくを起こすなど）、しゃべり方、声の大きさが不適切（初対面の人に上から目線で話したり、大声を出すなど）、思い込みが激しい（人の意見を聞けない、誤解を受けやすい）、他人との距離感がわからない（近づきすぎる、あるいは極端に離れすぎる）、同年代の人との会話が苦手（子どものときは大人との会話が得意だが、大人になると年下とかかわりたがるなど）、世間話ができない（女性の場合はアイドルやファッションにまったく興味なし、男性の場合はパソコンや機械の話ばかりする）、などです。

米国のＩＴＰでは、以上のような項目が卒業後の課題として取り上げられ、早期に学校で取り組まなければならない教育目標として示されているのです。

先生、相談です。

将来のために今から

小3　女子

未診断

通常学級に在籍

9 小さいうちに身につけさせたいのはどんなことでしょう

国語や算数のテストは高得点を取っており、知的な遅れはなさそうです。しかし、片づけができず、髪はぼさぼさで、人からどう見られても平気です。ASDだとすると社交性を身につけさせるのは難しいとのことですが、では、小さいうちに身につけさせたいのはどんなことですか。どうしたら身につきますか。

習慣によってライフスキルの習得を

仕事に必要な能力のうち、仕事そのものを遂行する能力をハードスキル、仕事そのものではないものの間接的に仕事に影響を及ぼす職業生活能力をソフトスキルということは3などでも説明しました。職務を遂行するためには、そのベースとなるソフトスキルが身についている必要があり、さらに、そのベースとして、ライフスキル（日常生活能力）が必要です。

このライフスキルは、ごく小さいうちから習得させるように心がける必要があります。ライフスキルは、習慣によって身についていくものなのです。

実情に合わせて習得内容を検討

具体的にどんなライフスキルを習得すべきかについては、お子さんの年齢や能力、興味関心、家庭や地域の環境によって異なります。評価のためのツールも、用途に応じて各種あります。ここでは仮に次のような手続きで考えていきましょう。

8で紹介した、米国の障害児教育におけるIEP（個別教育計画）を思い出してください。成人期への移行のためのIEPに含まれる項目は移動能力、身辺自立、医療・保健、居住、余暇、対人関係、地域参加、教育・就労、お金の管理、法的な問題、毎日の生活の11項目でした。以下に具体的に検討してみましょう。

「移動能力」、併せて「お金の管理」を見てみると…

たとえば、まず「移動能力」。お子さんが現在どのような活動をしているかをチェックします。習い事としての塾や水泳教室、買い物のためのスーパーマーケットやコンビニエンスストア、通院している病院（歯医者を含む）、図書館など、地域でかかわる場所を整理します。

そして、そこへいつ行くのか（曜日や時間）、頻度（週、あるいは月に何回かなど）、何をしに行くのか（買い物の場合は何を買いに）、どのような手段（徒歩、自転車、自家用車、バス、電車）を使うのかなどに分け、公共交通機関を利用する場合は運賃の支払い方法（現金なのか定期券なのか電子マネーか）などを分析します。

「芽生え」段階の能力を「合格」にできるよう

それぞれの場所について、一人で行けるのか、まったく一人では行けないのか、どの点に問題を抱えているかなどを把握します。その中から一部できる「芽生え（完全にはできないが一部でき、指導すれば獲得できるスキル）」を選択し、その芽生えを「合格」にもっていけるような支援方法を検討することになります。

近くのコンビニエンスストアには買い物に行けてもスーパーマーケットは品数が多くてわからないのであれば、購入すべき食べ物、嗜好品、生活必要品など購入すべき品物をリストアップし紙に書いて渡す、広告の切り抜きを持参する、紙に書いたものをそのまま店員さんに見せて尋ねるなど、方法を検討します。

支払いについておつりなどの計算が困難な場合は、計算が不要な電子マネーを使うことでもいいでしょうし、あえてお金で支払うことを学習したいのであれば電卓を使う、お金のマッチングＪＩＧ（百円の位、十円の位、一円の位が示された補助具）などを使ってもいいでしょう。支払いに時間がかかる場合は、スーパーのレジの人に頼んで、レジ休止中の案内を立ててもらってから、ゆっくりと支払えるような状況をつくってもらうのもいい支援だと思います。

ほかの項目のスキルについてはこんなふうに

たとえば「身辺自立」では、起床、洗顔、歯磨き、ひげそり、化粧、整髪、爪切り、入浴、衣服の着脱、布団を敷く（ベッドメイキング）、目覚まし時計の設定、洗濯など、年齢や能力に応じて課題を絞って指導していくことができます。「居住」では、掃除、ゴミ出しなどの手伝いから、成長につれ、電気代、ガス代、水道代、テレビ視聴料金、携帯電話代など、月ごとの料金支払いなども経験させるようにしていきます。「余暇」では、土曜、日曜の映画やスポーツ競技の観戦、博物館、レストランなどの週末や一月あるいは数か月に一度の余暇の場合は、スケジュール化し見通しをもたせ、またその余暇に必要な交通手段や費用なども計画させることが望まれます。一日がかりの大きな余暇活動だけではなく、短い余暇、たとえばお昼の休憩時間、学校から帰ってきたあとの自宅で過ごす余暇などにも、具体的な過ごし方を検討しておくといいでしょう。朝、晩の食事時の手伝い、夕食の場合は調理の手伝いなども、独り暮らしになったときに役に立ちます。

気をつけたい、こんなこと

11項目の中で意外と忘れがちなのが「医療・保健」と「法的な問題」です。知的障害を伴うASD児の場合、高熱が出てもルーティンの活動を行おうとすることがあります。「対人関係」については、ルールとして指導すると理解しやすいでしょう。ASD児は人とのかかわりが難しいので、朝先生に会ったら「おはようございます」、帰りには「失礼します」と言うのだと、パターンで学習させましょう。

先生、相談です。

将来のために今から

小6 男子

ASD

特別支援学校に在籍

10 職業生活に向け、ASDの子どもに特に身につけさせたいライフスキルは？

特別支援学校に在籍する知的障害を伴うASD男児の母親です。すべき作業などは学習すればできるのですが、コミュニケーションや対人行動に問題があります。高等部卒業後は、なんとか社会人として職業生活を送らせたいと願っています。今から意識して身につけさせたいライフスキルにはどんなものがありますか。

自立し、幸せになるためのスキル

ＡＳＤ児・者支援の世界最先端といわれる米国ノースカロライナ州のＴＥＡＣＣＨプログラムでは、学校から成人生活への移行支援において必要なスキルを6つの領域に分けています。「職業スキル」「職業行動」「自立機能」「余暇活動」「機能的コミュニケーション」「対人行動」です。そして、これらの項目を在学中から指導するときの基準として、ＴＴＡＰというアセスメントツールが開発されています（梅永雄二監修『自閉症スペクトラムの移行アセスメントプロフィール―ＴＴＡＰの実際』川島書店）。

ＴＴＡＰは基本的に知的障害を伴うＡＳＤ児のアセスメントのために作成されたものなので、知的に高いアスペルガータイプには必ずしも該当しないものもありますが、成人期に自立し、幸せになるために獲得しておくことが望ましいと考えられているスキルです。

ＴＴＡＰの「家庭尺度」を参考に

「職業スキル」とは読んで字のごとく、仕事を行うための能力のことで「ハードスキル」を意味します。具体的にはボルト・ナットの分類や旅行キットのパッケージングなどが課されます。残りの５つのスキルは、仕事以外の「ソフトスキル」の領域であり、職業的自立を果たすためのバックボーンとなるものです。つまり、仕事そのものの能力ではなく、ライフスキルに含まれるものが多いのです。

ＴＴＡＰでは、６つの領域を「直接観察尺度」「家庭尺度」「学校／事業所尺度」の３側面からアセスメントを行います。これらのうち、「家庭尺度（家庭での状況を保護者から聞き取ってアセスメントする尺度）」を参考に、ソフトスキルのアセスメント項目を見てみましょう（ｐ50以降の表）。

「職業行動」で重要な「援助を求める」スキル

この家庭尺度の「職業行動」領域2.にも「必要なときに援助を求めることができ

[TTAP の家庭尺度によるアセスメント／職業行動]

1. 一人で働くことができる
2. 必要なときに援助を求めることができる
3. 保護者などの家族の存在を認め、従うことができる
4. 家庭での決まり事を守ることができる
5. 新しい課題を行うことができる
6. ○○が終わったら次に△△のように時間差のある指示に従うことができる
7. 中断されても耐えることができる
8. ルーティン化された環境の変化に耐えることができる
9. 自分の持ち物などを管理できる
10. 移動を伴う課題を実行できる
11. 近くに人がいても気にせず働くことができる
12. テレビやパソコンなど気をひかれるものがあっても作業に集中できる

[TTAP の家庭尺度によるアセスメント／自立機能]

1. きちんとした身だしなみができる
2. 入浴、歯磨きができる
3. 適切なトイレの使用ができる
4. 女子の場合は生理の処理、男子の場合はひげそりができる
5. 簡単な料理を作ることができる
6. 一人で買い物をすることができる
7. 一人で交通機関を利用することができる
8. 口を閉じて食べるなどの正しい食習慣を示すことができる
9. 安全基準に従うことができる
10. 処方された薬を自分で服薬できる
11. 1泊の外出または学校や事業所で使用する用具などをまとめることができる
12. 入浴の際、浴室のドアを閉めて入ることができる

る」といった項目が含まれています。もし、人に援助を受けずに自分勝手に作業を

行ったら、結果的にミスをして叱られてしまうかもしれません。わからないときなどに人の援助を受けるスキルは、とても大切なスキルなのです。

「自立機能」の移動スキルは職業生活でも有用

「自立機能」には、家庭の中だけではなく交通機関の利用などの移動スキルが含まれていますが、この移動スキルは成人期に就職した場合など、汎化・応用させていくことができます。

「余暇活動」のスキルアップが将来のトラブル防止につながる

「余暇活動」も重要です。ＡＳＤ児が成人し、就職した際にいちばん問題が生じるのは仕事中ではなく、昼休みなどの休憩時間です。昼休みに昼食をとったあとのわずかな時間にさまざまなトラブルが生じます。わずかな空き時間の過ごし

[TTAP の家庭尺度によるアセスメント／余暇活動]

1. 適切に自由時間を過ごすことができる
2. 一人で余暇を楽しむことができる
3. きょうだいなど他者と一緒に遊ぶことができる
4. 卓上ゲームをすることができる
5. ラジオを聞いたりテレビを見て楽しむことができる
6. 好きな物を収集したりする趣味に携わることができる
7. 絵や工作など物を作るといった趣味に携わることができる
8. スポーツなど野外での活動に携わることができる
9. 祭りなどの公共の娯楽行事に関心を示すことができる
10. ペットの世話をすることができる
11. 一人でファストフードのレストランで食事をすることができる
12. 余暇活動を行ったあとに道具などの片づけができる

方などは、意識すれば早期から家庭で身につけさせておくことができます。

「機能的コミュニケーション」スキルは着実に身につけておきたい

「機能的コミュニケーション」スキルを見てみましょう。5.の標識の理解や、6.の「電話をかけることができる」スキルは、トラブルを未然に防ぐために大変重要なスキルと考えます。着実に身につけておきたいものです。

「対人行動」は項目ごとにチェックしてトレーニングを

「対人行動」は、最初はほとんどできないことが多いかもしれません。

7.の「公共の場で、他者に対して適切な行動をとることができる」、10.の「間違いをしたら他者に謝ることがで

[TTAPの家庭尺度によるアセスメント／機能的コミュニケーション]

1. おなかがすいた、トイレに行きたいなど基本的ニーズを伝えることができる
2. 「おなかがすいた？」「寒い？」など現在の状態についての質問に答えることができる
3. 概念（共通認識）を理解することができる
4. 概念（共通認識）を用いることができる
5. 表示や標識を理解することができる
6. 電話をかけることができる
7. 社会的な活動に対してコミュニケーションをとることができる
8. 自発的な会話をすることができる
9. 従事している活動をやめるように言われるとやめることができる
10. 欲しいものを指さすか、手を差し出して要求できる
11. 身振りか言葉で拒否することができる
12. 物または情報を得るために、他者の指さし動作に注意を向けることができる

きる」などは、知的に高い人でも意外とできていないことがあります。できる項目、芽生えの項目、できない項目に分け、段階を追って身につけさせていきましょう。

対人関係の指導は、マナーやルールといった形で教えるといいでしょう。たとえば、通路で誰かが立ち話をしていて、そこを通りたいとき、ＡＳＤの子どもは、二人の間を、平気な顔で無言で通り過ぎたりします。このようなときには「相手の状態や気持ちを考えろ」というような指導をしてもよく理解できません。

どう行動すべきかを、「ほかの人が立ち話をしているときには、片方の人の後ろを『失礼します』『ちょっとごめんなさい』と言って通る」というように指導します。

[TTAPの家庭尺度によるアセスメント／対人行動]

1. 親、きょうだいなど親しい人たちに好ましい行動を示すことができる
2. 攻撃的な行動や物を破壊するなどの好ましくない行動をとらない
3. 人のことを詮索したり、人の邪魔になるような好ましくない行動を示さない
4. 身体を前後にゆすったり、手を奇妙に動かすなどの自己刺激行動を示さない
5. 社会的な集まりに参加することができる
6. 他の人の存在を意識して反応することができる
7. 公共の場で、他者に対して適切な行動をとることができる
8. 特定の人との交友関係を求めることができる
9. 一人で活動をしているとき、他の人の邪魔をしないでいることができる
10. 間違いをしたら他者に謝ることができる
11. かんしゃくを制御し、不満があった場合は攻撃的ではなく建設的に表現することができる
12. 他の人と食べ物や持ち物を分け合うことができる

先生、相談です。

将来のために今から

5歳児 男子

ASD

保育園に在籍

11 発達支援のサービスを受けたほうがいいのでしょうか

小さい頃から人と遊ばず、独り言が多い子どもです。昨年医療機関でASDと診断され、発達支援（療育）を勧められました。自閉症とはひきこもりと思っていたのですが、外に出るのも好きなので決してひきこもりではありません。あるクリニックではもう少しようすを見ましょうといわれたのですが……。

早期の診断とそれに応じた早期からの支援が望ましい

おなかに痛みを感じる場合、そのまま放置しておくことはあまりないものと考えます。早めに病院に行って、胃炎とか胃カタル、胃潰瘍などと診断されることにより早めに治療を行うことができます。発達障害も同様で、早めに診断を受けＡＳＤであればその特性に合った発達支援（専門の知識・技術により障害のある子どもの能力や可能性を引き出し、発達を支援すること。従来は「療育」といった）を受けることが望ましく、ＡＳＤではない診断であれば他の支援のほうが適している場合もあります。適切な診断が早期になされることにより、一人ひとりに応じた発達支

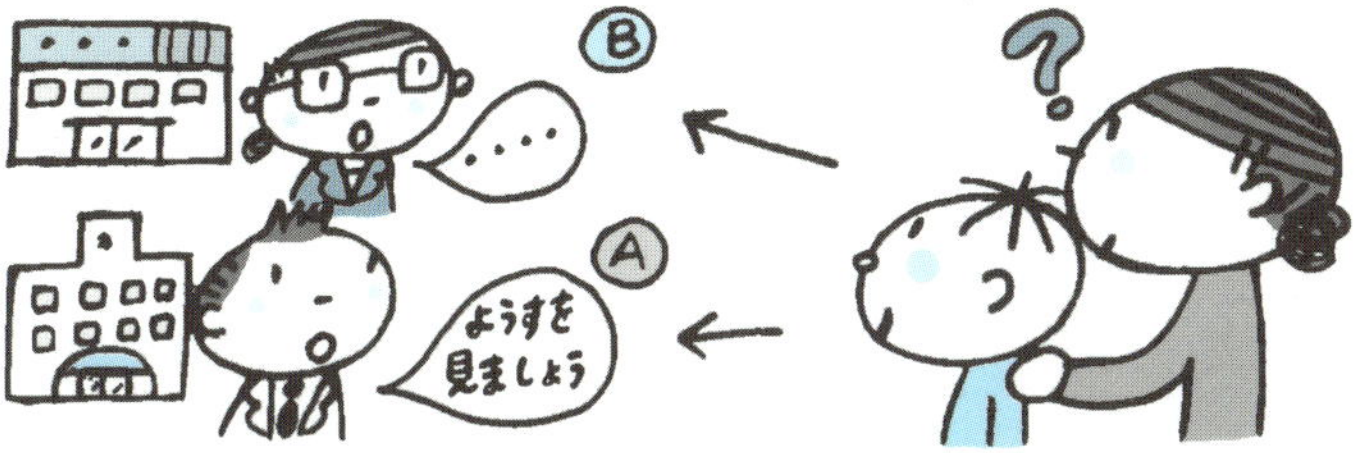

援や教育、子育てのプランニングが可能になります。

「ようすを見ましょう」とは、現段階ではよくわからない、確たる診断がつかないから使われる表現です。その言葉に従うのはあまりお勧めできません。一か所目で詳細がわからなければ、セカンドオピニオンを求めましょう。発達障害の特性に対する支援は、早ければ早いほど効果が出ます。

地域の相談支援の窓口を利用

発達に心配なところがあるが、適当な医療機関が見つからない、相談したいというときには、地域の相談支援窓口を利用しましょう。

市町村の保健センターでは、「発達相談」「育児相談」などの名目で相談に応じています。一歳六か月児健診や3歳児健診などの折に相談することもできます。また、特に発達に関する相談のための窓口を設けている自治体もあるので、ホームページなどで調べてみるといいでしょう。都道府県・指定都市に設置されている発達障害者支援センターでも相談できます。

支援機関にはまた、18歳未満であれば児童相談所があります。児童相談所は、各都道府県に設けられた児童福祉の専門機関で、児童に関する相談について、専門的な知識や技術を必要とするものに応じる機関です。児童やその家庭について、必要な調査や医学的・心理学的・社会的判定を実施し、それらに基づいて必要な指導を

行います。具体的には、養護相談（保護者の養育困難、虐待対応）、保健相談、心身障害相談、非行相談、育成相談などの相談に対応していますが、なかでも近年は増加する虐待相談に追われています。

各都道府県・市町村の教育センターで相談することもできます。教育センターでは、臨床心理士や臨床発達心理士、特別支援教育士等専門の研修を受けた人たちが知能検査や発達検査等を実施してくれます。このような検査結果は、それに基づき以後の指導計画を立てることができるため、大変重要な資料となります。

発達支援のサービスはどこで?

ただ、発達障害に関する支援体制には地域差があり、東京都や横浜市等の都会では医療機関における早期診断などで進んでいるところがあります。とりわけ横浜市では、発達障害に対して早期に診断ができるシステムが構築されており、その結果ＡＳＤと診断される子どもの発生率も高く、そして発達支援のサービスへとスムーズにつながっています。ＡＳＤと診断された場合、横浜東部地域、中部地域、南部地域などの各療育センター（児童発達支援センター）において、ＡＳＤに特化した構造化された発達支援が行われるのです。

児童発達支援センターは、障害のある子の発達支援を役割とする機関です。通所による児童発達支援のほか、放課後等デイサービス、保育所等訪問支援（訪問して障害のある子と支援者への指導などを行う）を実施しています。児童発達支援センターが整備されていない地域では、児童発達支援事業所を利用することになります。

ＡＳＤ児に有効な構造化による発達支援

構造化とは、プランニングやスケジューリングが困難なＡＳＤ児に対し、環境と活動を理解しやすく設定することにより、自立活動を支援する方法です。活動場所を明確に示す「物理的構造化」、次に何をするかを示す時間の構造化（スケジュール）、課題や活動の構造化（ワークシステムあるいはアクティビティシステム）などがあり、ＡＳＤ児の視覚優位な特性を生かした視覚的構造化が用いられています。課題や活動の構造化であるワーク（アクティビティ）システムでは、その場所で「何を行うのか」「どれくらいの量を行うのか」「どうすれば終わりなのか」「終わったら次に何をすればいいのか」といった四つの視点に注目し、それぞれＡＳＤ児が得意な視覚的構造化を行います。視覚的構造化には、行うことを口頭で指導するのではなく、文字や絵、写真等で示す「視覚的指示（Visual Instruction）」、左から右、上から下といった一連のパターン化した流れで行う活動をわかりやすくする「視覚的組織化（Visual Organization）」、行う内容を太字や色で強調する「視覚的明瞭化（Visual Clarity）」があります。このような指導の結果、行う活動がわかりやすくなるため、その場に合った適切な行動ができるようになります。

先生、相談です。

将来のために今から

中2　男子

ASD

特別支援学校に在籍

12 知的障害があって特別支援学校在籍。将来、仕事をもつのは難しいでしょうか

知的障害を伴うＡＳＤで、特別支援学校に行っています。言葉はありますが、会話にならないことがあります。電車が大好きで、山手線の駅はすべて暗記しています。知的障害があっても、将来就職することはできるのでしょうか。それとも、仕事をもつのは難しいのでしょうか。

障害者雇用促進制度に基づく就労―法定雇用率で障害者雇用を義務づけ

知的障害生徒の就職率は年々高まっています。その背景の一つに、障害者雇用を促す法律の整備があります。「障害者雇用促進法（障害者の雇用の促進等に関する法律）」では、一定率以上の障害者を雇用しなくてはならないという障害者雇用率が定められています。いわゆる法定雇用率制度で、率は一般の民間企業が２％、国や地方公共団体等が２・３％です。従業員50人以上の事業主に義務づけられています。

そこで、大企業では特例子会社という雇用率達成のための子会社を設立することがあり（p62コラム参照）、実際、２０１６（平成28）年６月段階で、448社に

2万7千人近い障害者が雇用されています。

障害者への就労支援制度—各種ある

たとえば、特別支援学校を卒業後すぐに就職が難しい場合など、就労移行支援を利用して24か月以内の就職をめざすことができます。「障害者総合支援法（障害者の日常生活及び社会生活を総合的に支援するための法律）」に基づく障害福祉サービスの一つ（訓練等給付）で、就労移行支援事業所は全国に3千か所設置されています。

さらに、職業リハビリテーション全般の支援を行う地域障害者職業センター（52か所。p93参照）や生活面の支援も行う障害者就業・生活支援センター（327か所。p93参照）、就労支援センターなど、さまざまな支援機関や支援制度が設けられています。

よって、知的障害があってもその能力特

［就労移行支援事業所］

対象者	就労を希望する65歳未満の障害者であって、通常の事業所に雇用されることが可能と見込まれる者 ①単独で就労することが困難であるため、就労に必要な知識・技能の習得もしくは就労先の紹介その他の支援が必要 ②あんまマッサージ指圧師・はり師・きゅう師免許を取得することにより就労を希望
サービス内容	●一般就労等への移行に向けて、事業所内や企業における作業や実習、適性に合った職場探し、職場定着のための支援 ●通所によるサービスを原則としつつ、個別支援計画の進捗状況に応じ職場訪問等によるサービスを組み合わせた支援 ●利用者ごとに、標準期間（24か月）内での利用

性に合った物流や介護、清掃、レストラン、スーパーマーケットなどで働いている知的障害者はたくさんいます。

福祉的就労―就職が難しい場合は就労継続支援事業所などでの就労も

一般就労が難しい場合に、福祉的就労を考えます。福祉的就労の場には、大きく分けると就労継続支援事業所A型とB型があります。

A型は、従来「福祉工場」とよばれていたものです。現在は、B型ともども「障害者総合支援法」に基づく障害福祉サービスの訓練等給付に位置づけられています。賃金体系や労働法規などの適用が求められ、各都道府県ごとに定められている最低賃金を上回る賃金を受け取ることができます。特別支援学校を卒業して就職活動を行っても企業等の雇用に結びつかなかった人などが対象になります。雇用契約がありますが、ずっとそこで働くことを目的とするのではなく、一般就労に必要な知識、能力が高まった人については、一般就労への移行に向けて支援が提供されます。

これに対し、B型事業所では、就労や生産活動の機会を提供されるものの雇用契約は結ばれません。従来は「通所授産施設」とよばれていました。就労移行支援事業を利用（暫定支給決定での利用を含む）した結果、B型の利用が適当と判断された場合などに対象となります。よって、一般就労に必要な知識、能力が高まった人は、一般就労等への移行に向けて支援がなされます。しかし、実際のところB型事

[就労継続支援事業所A型（雇用型）]

- 雇用契約に基づき賃金体系や労働法規などは厳格に適用（従来の福祉工場）
- 全国に約 3000 か所、約 5 万人が就労（精神障害者や知的障害者）
- 週労働時間 30 時間未満が約 7 割（精神障害者は 77%）、平均月収 6 万 6000 円程度（2016 年度）

対象者	企業等に就労することが困難な者であって、雇用契約に基づき継続的に就労することが可能な者（利用開始時 65 歳未満） ①就労移行支援事業を利用したが企業等の雇用に結びつかなかった者 ②特別支援学校を卒業して就職活動を行ったが企業等の雇用に結びつかなかった者 ③企業等を離職した者等就労経験のある者で、現に雇用関係がない者
サービス内容	●通所により、雇用契約に基づく就労の機会を提供するとともに、一般就労に必要な知識・能力が高まった者について、一般就労等への移行に向けて支援 ●多様な事業形態により、多くの就労機会を確保できるよう、障害者の利用定員 10 人からの事業実施 ●利用期間の制限なし

[就労継続支援事業所B型（非雇用型）]

- 雇用契約は結ばれない（従来の通所授産施設）
- 全国に約 1 万か所、約 20 万人が就労（おもに知的障害者）
- 月額工賃 1 万 5000 円弱（2016 年度）

対象者	就労移行支援事業等を利用したが一般企業等の雇用に結びつかない者や一定年齢に達している者などであって、就労の機会等を通じ、生産活動にかかる知識・能力の向上や維持が期待される者 ①就労経験がある者であって、年齢や体力の面で一般企業に雇用されることが困難となった者 ②就労移行支援事業を利用（暫定支給決定での利用を含む）した結果、B型の利用が適当と判断された者 ③前 2 項に該当しない者であって、50 歳に達している者または障害基礎年金 1 級受給者
サービス内容	●通所により、就労や生産活動の機会を提供する（雇用契約は結ばない）とともに、一般就労に必要な知識・能力が高まった者は、一般就労等への移行に向けて支援 ●平均工賃の目標水準設定、実績と併せて都道府県知事へ報告、公表 ●利用期間の制限なし

業所から一般就労へ移行する人はきわめて少ない状況です。

コラム

法定雇用率と特例子会社

　事業主は、障害者の雇用に特別の配慮をした子会社を設立し、その子会社に雇用されている労働者を親会社に雇用されているものとみなして、実雇用率を算定することで、法定雇用率を満たすことができます。

　この子会社を特例子会社といいます。要件として、①親会社との人的関係が緊密であること（例：親会社から役員派遣）、②雇用される障害者が5人以上で、全従業員に占める割合が20％以上、雇用される障害者に占める重度身体障害者・知的障害者・精神障害者の割合が30％以上であること、③障害者の雇用管理を適正に行う能力を有していること（例：施設の改善、専任の指導員の配置等）などが求められています。

　特例子会社は、障害の特性に配慮した仕事の確保・職場環境の整備が容易となり障害者の能力を引き出しやすい、職場定着率が高まるなどのメリットがあり、障害者にとっても、雇用機会の拡大につながる制度といえます。

先生、相談です。

進学時、在学中

先生、相談です。

進学時、在学中

中3　男子

ADHD

通常学級に在籍

13 なんとか高校には行かせたいのですが、受け入れてくれるところがあるでしょうか

衝動性が強く、よくクラスメイトとけんかをします。知的には遅れはないといわれていますが、集中力の必要な数学などは苦手です。そのため、学校嫌いで不登校ぎみになっています。なんとか、高校には行かせたいと思っていますが、どのような高校に進学させるべきか、受け入れてくれるところがあるのか、悩んでいます。

高校は発達障害生徒の教育支援が遅れている

まず知っておきたいのは、小中学校に比べ、高校では障害生徒への教育支援が全般に遅れているということです。高校は義務教育ではなく、入試を受けて合格した生徒が入学するという性格からも、特別支援教育の必要性は認識されてこなかったのです。

文部科学省の調査（2013年「学校基本調査」）によると、高校に在籍する発達障害生徒は2・2%といわれており、全日制に限ると1・8%となっています。これは、文部科学省が2012（平成24）年に全国の小中学校で行った調査の6・5

%と比べると、かなり少ない割合となっています。しかしながら、定時制高校では14・1%、通信制高校になると15・7%と、割合が増えており、全日制以外の課程に進む生徒が多いといえそうです。

通級指導への試みが始まる

新たな試みは始まろうとしています。特別支援学級などを設置している高校はきわめて少ない状況ですが、通級による指導が検討されており、2014(平成26)年度に、モデル校として北海道の上士幌高等学校をはじめ全国17校が指定されています。

通級による指導(通級指導)は、小中学校では1993(平成5)年度から行われています。言語障害や視覚障害、聴覚障害、ASD、LD、ADHDなどが対象で、大半の時間はほかの児童生徒と一緒に教室で授業を受けつつ、一部の授業時間に、別室や他校の教室に移動して、障害に応じた特別な指導を受けるものです。自校通級、他校通級、巡回指導の三つの形があります。

中学校で通級指導を受けてきた生徒や保護者からは、高校での継続支援を求める声が強く、高校での実現に結びつきました。

先生、相談です。

東京都で新たな発想の高校が登場

そのような中、東京都ではチャレンジスクールとエンカレジッシスクール、トライネットスクールという高校が設置されました。

【チャレンジスクール】通常の高校での学習が困難な、おもに不登校や高校中退の生徒を対象としており、午前中のみ、午後のみ、夜のみなど3部制定時制総合学科の高校で、本人のニーズにより選択できるシステムとなっています。

【エンカレッジスクール】文字どおり、力をつけるための学校です。高校ですが、学校の勉強についていけない生徒を対象に、小学校レベルの授業で学習支援が行われており、入試や定期的な試験はありません。おもにＬＤの生徒が多い状況です。

【トライネットスクール】インターネットを通して学習する通信制の高校です。２０１６（平成28）年現在、都立砂川高等学校の一校のみです。

全国的にも広がりを見せている

このような高校は全国的に広がりを見せており、神奈川県や大阪府ではクリエイティブスクール、埼玉県ではパレットスクールといった名称で実施されています。

【クリエイティブスクール】中学校までにもてる力を十分に発揮しきれなかった生徒に対し、社会生活をよりよいものにする意欲と他者とのかかわりを大切にしながら、主体的に学び行動する社会実践力を育む学校とされており、中学校の内申が評価基準に入っていないため、入学時のハードルが低くなっています。中学時代に不登校だった生徒や学業不振だった生徒が対象です。

【パレットスクール】単位制の定時制高校で、昼夜開講なので自分の生活スタイルに応じて午前、午後、夜間のいずれかを選択し、単位を取得できる高校です。よって、東京のチャレンジスクールとほぼ同じと考えていいでしょう。

適性と現状、将来の生活への展望をもって選択を

どういう高校に進学させるのがいいのか、大切なのは本人のニーズです。将来の生活への展望をもったうえで、適性と現状に照らして無理のない選択をしてください。どのような高校なのかインターネットで情報を収集し、学園祭やオープンキャンパスなどで見学し、可能であれば体験入学してみるのもいいでしょう。

ＬＤ系の生徒の場合、読み・書き・計算などが苦手な場合は、おのずと国語、数学の学習についていくことができず、それが他の英語や理科、社会にも影響します。一方、ＡＳＤ生徒のなかにはＩＱも高く、対人関係は不得手でも学校の勉強に問題を感じない生徒もいます。そのような場合は進学校へ進学する可能性が出てきます。

先ほど紹介したなかでは、学習のみに困難性のある生徒はエンカレッジスクールやクリエイティブスクール、成績の問題ではなく学校生活になじめない不登校などの生徒はチャレンジスクールやパレットスクールが適しているといえるでしょう。

先生、相談です。

進学時、在学中

中3　男子

ADHD+ASD

通常学級に在籍

14 ほとんどオタクで不登校。本人は高校には行かないと言っていますが…

運動が苦手で、体育の授業があるときは学校に行きません。給食も苦手で、強制されると家に帰ってきます。その結果、最近は不登校ぎみで、家ではパソコンばかりいじっています。心理検査では、ＡＤＨＤとＡＳＤの特性をもっているといわれました。本人は高校には行かないと言っていますが、このままでは将来が不安です。

学校嫌いと勉強嫌いは同じではない

パソコンばかりいじっていることを心配されているようですが、それは決して悪いことではありません。家でパソコンばかりいじっていて、まったく外に出ない小学生のお子さんを、強制的にサッカー少年の中に連れていったお母さんがいました。このお母さんは二つの間違いを犯しています。一つは、パソコンに精通して将来的にビル・ゲイツやスティーブ・ジョブズのようにＩＴで活躍できるチャンスをもぎ取ってしまったこと。もう一つは、パソコン好きな仲間ができて彼らとの社会的つながりをもてるチャンスを奪ったことです。

学校での活動は授業だけではなく、さまざまな行事などの社会的活動があり、ASDのお子さんにとっては対応に苦痛を感じることが多いのです。よって、学校はいやだけど塾なら行くという発達障害のお子さんは数多くいます。つまり、学校がいやだからといって勉強が嫌いなことにはつながりません。

教育環境を選ぶという発想も必要

本当にいい教育というのは、必ずしも一つではありません。誰にとっても「この教育がいい」というものではないのです。発達障害といっても子ども一人ひとり性格や興味関心が違います。いじめに遭う環境、本当に苦痛な活動がある環境でも強制的に学校に行かせて、より問題を複雑化させるのがいいことかどうか……。むしろ、本人にどのような環境が最も適しているかを一緒に考えていくことが大切なのではないでしょうか。

発達障害のお子さんにはいろいろなチャンスを与えて、その中で本人が望むような環境を選ばせる、選べる教育というものがすばらしい教育なのです。

たとえばパソコンにはまっているお子さんの場合は、パソコンを使った仕事にはどのような職種があるのかを教え、そのためには大学のどのような学部に進学したほうがいいのかといった、先の見通しをもたせるというのもいい方法です。現在、職業能力開発校においても、事務であればExcel、Word、Power Pointなどを学習

しなければなりませんし、設計・製図においてもＣＡＤを使ったりしています。プログラミングだけがコンピュータを使った仕事ではないので、どのような仕事にどのようなＩＴが使用されているのかを親子で検討するといいでしょう。

実用を重視した教育の例

こんな教育の例があります。北欧のある特別支援学校では、椅子に座って黒板に向かって行う授業がまったくないそうです。学校での授業の半分が職業教育、そして残りの半分はなんと余暇教育を行っているのだそうです。

たとえば、わが国では国語の時間に漢字を教えますが、知的障害のあるお子さんは漢字を覚えるには限界があります。この北欧の学校では、職業教育の時間に、わが国でいうところの「危険」とか「立入禁止」という用語を教えているそうです。これらの用語は仕事をするうえでとても大切な用語です。実際に仕事をしている現場で必要となる文字や文章は、いつも目にし、また実際に危険性を感じるようなときだと、すぐに覚えるのだそうです。

また、余暇教育の中で、ある活動をする際に「４人で一緒になって」といったように指示することで、４という数字の意味が理解できるようになるそうです。文字同様、数字も実際に必要となる現場で教えると学習効果が上がるのでしょう。

余暇指導の効用

余暇指導を行うことによって、仕事をして余暇を楽しむという、人間としての基本的活動が理解できるようになります。余暇は、わが国では余った暇（時間）と書きますが、欧米での語源は自分を「もう一度作り直す：re（再び）-create（作り出す）」、すなわちrecreationを意味します。余暇が充実している人ほど仕事ができるといわれるように、大人になってからの生活で必要となる余暇を指導しておくのも大切です。

将来の職業生活においても重要

ただ、余暇は夏休みなどの長期の休暇、土曜、日曜、祭日などに行う余暇、昼休みなどのちょっとした時間における休憩時間など、生活の中での位置づけや活動内容が異なります。どちらも上手に過ごせるようにしたいものです。

就職した発達障害者のトラブルは、昼休みに多いといわれています。自由な時間とは、実は、何をしたらいいかがわからない時間になりがちなのです。昼休みには本や雑誌を読む、ゲームをする、音楽を聴くなど、あらかじめ何パターンか決めておくと、迷わずにすみます。興味関心に合わせて、学校生活のうちから、そういうトレーニングをしておくといいですね。

先生、相談です。

進学時、在学中

中3　男子

ASD

通常学級に在籍

15 成績がいいので、高校、大学と進ませたいと考えています

小学校のときからまわりとのトラブルが多く、アスペルガータイプのASDと診断されています。でも、成績はトップクラスで、特に数学や理科が得意です。将来は有望と思いますので、高校だけではなく大学へも進学させたいと考えています。なるべくいい大学に行ってほしいですが、どのような大学を選べばいいでしょうか。

アスペルガータイプASDの人の多くが大学へ進学している

アスペルガータイプのASDではなかったかといわれている著名人は、モーツァルト、アインシュタイン、ミケランジェロなど、枚挙に遑《いとま》がありません（4参照）。近年ではマイクロソフトを創設したビル・ゲイツ、アップルを創設したスティーブ・ジョブズ、そしてフェイスブックのマーク・ザッカーバーグらもそうではないかといわれています。

このように潜在する能力を発揮できるようにするためには、大学への進学も可能性を広げる場所として適切な選択肢の一つといえるでしょう。実際、アスペルガー

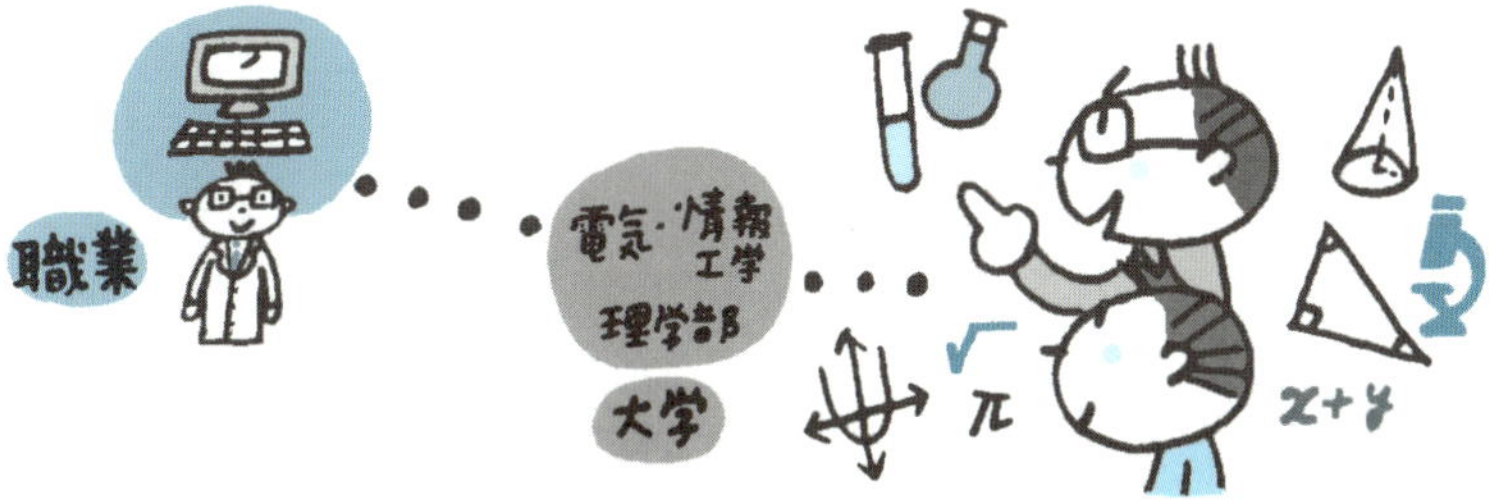

タイプＡＳＤの人の多くは大学へ進学しています。

専攻を決める際に考慮したいこと

医師や弁護士になる場合には、大学の医学部や法学部（法科大学院）に進学するといったように、仕事と大学における学部とがほぼ一致しています。しかし、ごく一般的なサラリーマンになる場合には、経済学部や商学部、経営学部、法学部などいろいろな学部を卒業した人がいます。よって、就きたい仕事があるのであれば、前もってその仕事に就くために、どのような専門性が必要かを検討しておく必要があるでしょう。

テンプル・グランディンさんによると、知的に高いＡＳＤの人は、研究者や設計・製図、獣医補助、空調技術者、ＩＴ関係、大学教員など、専門知識・技術を生かせる仕事がふさわしいというアドバイスがあります。大学を選ぶにあたっては、仕事に就くのに必要な、確かな能力が身につく学部・学科が望ましいといえそうです。また、人と頻繁に接触し、人づきあいの巧拙で成果が変わる分野は避けたほうが無難というアドバイスも。ただ、だからといって一概に営業職が合っていないとはいえない場合もあります。住居に詳しいＡＳＤの人がハウスメーカーの営業の仕事に就いたところ、その知識の深さに客が感銘し、また虚飾をしないため信頼感が高まったという事例もあります。

また、将来の就職にあたっては、本人の能力だけではなく、そのような能力を十分に発揮できる職場環境が大切なことも心得ておくべきです。

偏差値だけで進学先を決めるのでなく…

ＡＳＤの生徒のなかには学校の勉強ができるため、偏差値の高い大学へ合格する人も多いといわれています。しかしながら、高校での成績がよかったために国立大学の医学部に合格したとしても、やがて実習が始まると教授や同期生との対人関係がうまくとれないといったことが起こり、結局は、せっかく合格した医学部を中退したり、他の学部へ転部したりという学生が実際にいます。

発達障害がある場合、本人の適性に合うかどうかを十分検討したうえで進学すべきでしょう。

コラム

ＡＳＤ児にもわかりやすい指導法①
ソーシャルストーリーズTM

ソーシャルストーリーズTMは、アメリカでＡＳＤ児の担任をしていたキャロル・グレイが開発した、文章によって社会的ルールや対人関係のマナーを指導・学習する方法です。

基本的に、二人称ではなく一人称あるいは三人称で書かれた文章で、行うべき活動を視覚的に理解させます。

この文章内では、ＡＳＤ児にとってわかりづらい否定的表現を用いず、「私は○○のときには、△△のようなことをします」といった形の表現にします。

たとえば、エレベーターの中で他者と接触しそうになった場面では、「僕は人と近づきません」ではなく、「僕はエレベーターの中では、ほかの人と、手を伸ばした距離を保って立つようにします」のように、主体的・肯定的な文章にするのです。

先生、相談です。

進学時、在学中

高3 男子

ASD

通常学級に在籍

16 障害に配慮したサポートが大学で受けられますか

進学校に在籍する高校生です。大学は理工系へ進学、そして大学卒業後は大学院に進ませるつもりです。成績は優秀なので勉学上は問題ないと思いますが、ちょっと常識に欠けるところがあり、対人面が心配です。それと人が多いところなどが苦手です。このような特性に配慮したサポートが、大学で受けられるでしょうか。

学生生活におけるつまずき

大学は高校までとは違い、受け身の学習では対応できません。どのような授業を選択すべきか、サークルはどこに入るか、試験やレポートにはどう対処するかなど、主体的に動かなければならないことが多いのです。発達障害学生のなかには、履修申告で必須講義と選択講義を間違えて留年してしまったり、就職活動の流れを把握できず、いつのまにか就職活動に遅れてしまったりという人がいます。これは、窓口がそれぞれ修学支援課、就職課などに分かれていることでも混乱が起こります。

また、理科系に進学した場合、実験実習などではペアを組んで実験を行わなけれ

ばならないなど、人とかかわる力も求められる場合があります。苦手な部分について何らかのサポートがあるかどうか、この点が重要な要素になるかもしれません。

大学における発達障害学生の支援体制も広がってきている

先駆的な取り組み例を紹介しましょう。富山大学では、学生支援センター内にアクセシビリティ・コミュニケーション支援室を設け、きめ細かい支援を行っています。担当者が状況に応じて修学支援や就職支援の部署につなげたり、授業によって合理的配慮が必要な場合など、それらの支援の仲介役を担ったりしています。また、東京都日野市の明星大学では、1年生の段階から職場実習を行い、卒業後の就職に結びつけていくといったＳＴＡＲＴプログラムを実践しており、斬新です。

これら以外にも、兵庫県の関西学院大学では、キャリア支援に関して地域の社会福祉法人と連携して就職先を探してもらうなど、大学によってさまざまな取り組みがなされてきています。

各大学での合理的配慮のあり方を調べて

「障害者差別解消法（障害を理由とする差別の解消の推進に関する法律）」の施行により、２０１６（平成28）年４月からは国立大学では学生に対する合理的配慮は法的義務、私立大学でも努力義務となりました。日本学生支援機構の調査では、大

学に在籍する発達障害学生の7割はＡＳＤであると報告されています。ＡＳＤ学生に対する合理的配慮が、ごく普通になされていかなくてはならないのです。

各大学での合理的配慮のあり方を前もって調べておくといいでしょう。オープンキャンパスなどを利用して、体験授業などに参加してみるのもいいでしょう。

[大学における合理的配慮の例]

履修登録
- 必須・選択科目等について個別に説明
- 事前の履修許可、優先履修登録の便宜など

講義
- 教員に対し発達障害である旨と特性を個別に伝達
- 環境に配慮した座席の確保、音刺激遮断のため耳栓・イヤーマフ、視覚刺激遮断のためのサングラスなど道具の使用許可
- インターネットによるオンデマンド講義の履修許可、講義動画配信、録画による発表への代替
- グループディスカッションの際のルール配慮

実験・フィールドワーク
- グループ分けの配慮、グループ活動の免除

外部での実習・インターンシップなど
- 行うべき活動についてチェックリストで指導
- 外部の指導者に対する挨拶・報告・連絡・相談・質問方法の指導
- 派遣先に注意点、具体的指導方法を説明

評価（試験を含む）
- 耳栓・イヤーマフ・サングラスなどの使用許可、重度の場合は別室受験
- 代替科目の履修許可

その他
- 勉強・昼食・休憩場所等の大学内での居場所の提供

コラム

合理的配慮

「障害者の権利に関する条約」の「第2条　定義」において、「障害者が他の者との平等を基礎として全ての人権及び基本的自由を享有し、又は行使することを確保するための必要かつ適当な変更及び調整であって、特定の場合において必要とされるものであり、かつ、均衡を失した又は過度の負担を課さないものをいう」と定義されています。つまり、合理的配慮とは、障害のある人たちの人権が、障害のない人と同じように保障されるとともに、教育や就業、その他社会生活において平等に参加できるよう、障害特性や困り事に合わせて行われる配慮のことを意味します。

わが国では、この条約に批准したことで「障害者差別解消法（障害を理由とする差別の解消の推進に関する法律）」が制定され、合理的配慮を可能な限り提供することが、行政・学校・企業などに求められるようになりました。

先生、相談です。

進学時、在学中

高3 男子

ASD

通常学級に在籍

17 アルバイトは経験しておいたほうがいいのでしょうか

ASDの息子は、中学校のときにいじめを受け、一時期不登校になりました。保健室登校を経て高校へ進学、現在、いじめはありません。勉強はなんとかついていっており、大学進学も大丈夫そうですが、今まで仕事はしたことがありません。将来のため、アルバイトなど経験しておいたほうがいいのでしょうか。

アルバイトの経験は自己理解につながる

一般に高校生や大学生に対しては、学業が本分なので学業に負担となるようなアルバイトは勧められませんが、発達障害生徒・学生にとって、アルバイトの経験をすることにはいくつかのメリットがあります。

一つには、自分の適性などの理解につながるというメリットが挙げられます。アルバイトを行うことによって、自分に何ができ、何ができないかを自己認識することができます。また、今後身につけていく必要のあるスキルについても把握できます。

選択の幅が広がる可能性も…

どのような仕事が向いているか、どのような仕事に興味があるかなどは、実際にやってみなければわからないことが多く、アルバイトによってこれまであまり興味関心がなかった分野の経験ができて、将来の職業選択の幅が広がる可能性もあります。いろいろな仕事を経験することにより、自分がこの仕事が好きだとか、この仕事ならやってみたいという、仕事に対する興味関心が生まれてきます。就職する際には、その仕事ができるといった職業能力も必要ですが、その仕事に対するモチベーションが続かないと、離職につながる可能性もあります。いろいろな仕事を経験する中で、自分がやりたい仕事を発見するいい機会となるでしょう。

特に、ASDの人の場合、自分から発想を広げるのは難しいことが多いので、アルバイト先で与えられる仕事によって、必然的に多様な経験ができるのはいいことだといえるでしょう。

直接の仕事以外の「働く」意味を学ぶ

アルバイトは将来の就職につながるとても効果的な職業準備訓練です。とりわけASDの人にとっては、職場の人間関係でどのようなことが望まれているかを知るいい機会となるため、職場のマナーやルールを学習する手立てともなるでしょう。

そして、アルバイトを体験する中で、通勤や職場での対人関係、休憩時間の過ごし

方など、直接仕事に直結するものではないものの、間接的に仕事に影響を与える活動に関しても、そこで生じる可能性のある課題を知る経験が有益です。

このような仕事以外で生じるさまざまな問題に関しては、本人だけでは判断に迷うこともあります。客観的視点もあったほうがいいため、保護者にも適切なアルバイトかどうかを一緒に考えてもらうことは効果的です。

具体的には、アルバイト先で行う仕事に対して問題なく行えているかどうか（ハードスキルの課題）、遅刻をせずに職場に行けているか、その職場に合った服装をしているか、同僚・上司に挨拶ができているかといったソフトスキルの課題などを、チェックし、何か問題があれば、直接同僚・上司に確認してみるのもいいでしょう。

生活のリズムを崩さない働き方で

ただ、どんな働き方でもいいというわけではありません。学校に在籍しているわけですから、学業に影響を与えるような時期や職種にならないよう検討する必要があります。

時期的には、まずは夏休みや春休み、あるいは土曜、日曜など、学業に影響のない日から始めます。また、朝から夕方までの時間帯で行うことが大切です。3交代制で夜中にも働かなければならない仕事は、生活リズムが壊れてしまい、昼夜逆転の生活になってしまう可能性があるため、学生時代には避けておくべきです。

将来につながる職種を選んで

また、職種も検討する必要があります。発達障害生徒・学生のアルバイトは賃金を稼ぐためというよりは、将来就く可能性のある仕事に対する実習や準備訓練の意味合いが強いので、自分の興味のある職種をある程度絞り込んで、チャレンジする必要があるでしょう。だいいち、まったく興味のない仕事に就いたのでは、おそらく勤労意欲もわかず、成果が上がりにくいでしょう。先ほど、選択の幅が広がる可能性についてふれましたが、あくまで、もともとある適性の範囲での話だからです。

アルバイトで無理をしたり、いたずらに失敗体験を重ねたりしないことが大切です。

先生、相談です。

進学時、在学中

高3　男子

未診断

職業高校に在籍

18 就職に備え運転免許をとらせておきたいのですが、不器用なので迷います

現在、全日制の職業高校3年生になる息子のことで相談です。小学生のころＰＤＤ（広汎性発達障害*）との疑いがあるといわれたことがあります。高校卒業後の就職に備え運転免許をとらせておきたいのですが、不器用なので事故を起こしたりしないかと心配で、迷っています。

*自閉スペクトラム症／自閉症スペクトラム障害の当時のよび方

発達障害者も運転免許取得は可能

栃木県の鹿沼市に、発達障害者に特化した自動車教習所があります。ここでは、ほかの教習所で自動車運転免許がとれなかったＬＤやＡＤＨＤ、ＡＳＤの人が免許を取得されています。

当初、ＬＤの人たちは読み、書きが苦手なので、学科試験に困難を示すのではないかと考えられ、ＡＳＤの人は不器用な人が多いため、技能試験がクリアできないのではないかと予想されていました。しかしながら、実際に発達障害の人の特性を検討して指導したところ、ＬＤの人は読み聞かせで指導することにより、学科試験

をクリアできました。ＡＳＤの人は、不器用ですが長い時間をかけてゆっくりと指導していくことにより、徐々に技能も習得することができるようになりました。よって、不器用だから免許取得は困難ということはありません。

ニーズと取得意思に応じて検討しては

米国コロラド大学教授のテンプル・グランディンさんは、交通標識がわかって交通規則を守り、安全に自転車に乗ることができれば、車を運転する資格があり、自動車運転免許はとれると述べています。自身もＡＳＤで、叔母の牧場でじっくり運転の練習をし免許を取得した経験があり、その裏づけがあっての話です。

米国と日本は交通事情が異なるので、一概に米国と同じようには考えられませんが、免許を取得した発達障害の人たちに事故が多いという報告はありません。逆に、ＡＳＤの人は制限速度をきちんと守る人が多いといわれています。

また、地方では、自動車の運転ができるかどうかは、通勤や職務上の移動にあたり重要な要件となることがあるようです。地域事情や本人の意思などを尊重し、検討してはいかがでしょうか。

教習所に配慮してもらい、じっくり取り組む

いざ免許取得をめざすことになったら、教習所にいくらかの配慮をお願いしまし

ょう。以下、障害の特性に応じて配慮したい点を、学科と技能に分けて説明します。

【学科】ＡＳＤで他者との接触が苦手な場合は、学科やＡＥＤ（Automated External Defibrillator：自動体外式除細動器）講習の個別指導を希望してみます。また、座席を教室の最後列にしてもらい、机の上に簡易パーテーションを置いて人が視線に入らないよう工夫したり、講義をビデオに録画して別室で受講したりするといいでしょう。またたとえば、ＬＤで読みに困難性を抱える人の場合は、問題に取り組むにあたって、ただ単に文章を読むのではなく、テープレコーダーに録音した問題文を耳から学習する方法を認めてもらいましょう。

【技能】ＡＳＤの人のなかには、発達性協調運動症／発達性協調運動障害（Developmental Coordinidtion Disorder）という不器用な特性を重複している人がいます。不器用さは、自動車教習においてはハンドル操作がうまくいかず脱輪するといった形で現れます。しかしながら、自転車の運転と同じで自動車の運転も慣れが必要です。何度も練習を繰り返すことで、不器用な人でも交通法規に則ったレベルでの運転技術は身につけることができます。

さらに、運転練習用ドライビングシミュレーターという運転走行をコンピュータでシミュレートする装置があり、これによって急制動の練習や高速道路、雪道などの運転練習ができます。発達障害のある人は、定型発達の人より時間をかけて、ゆっくりペースで教習を行うことにより、少しずつ技術は向上していきます。

コラム

ASD児にもわかりやすい指導法②
コミック会話

コミック会話は、シンプルでわかりやすい絵によって、社会的ルールや対人関係のマナーを指導・学習する方法です。

左に示したのは会話には順番があることを教えるコミック会話の例で、上は順番を守らず好ましくない場面、下が順番を守ってお互いにうれしくなっている場面を表します。

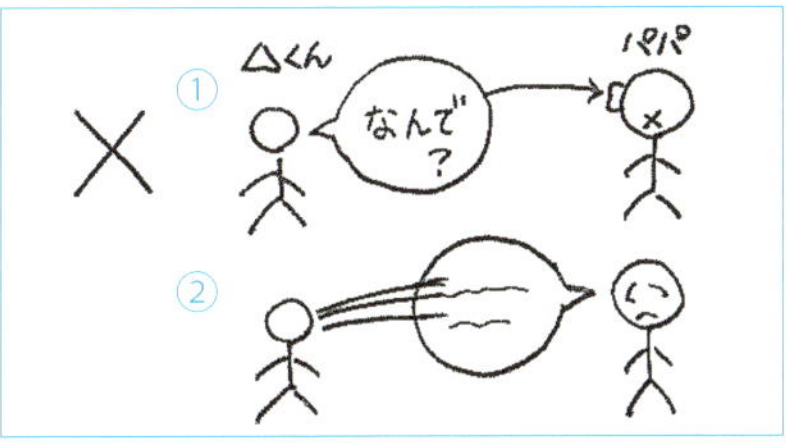

①△くんが「なんで？」と聞くとき、パパは耳をすませて聞いている。②パパが答えようとするときに、△くんが自分もしゃべろうとしているので、パパは悲しい。（×）

③パパが話すとき△くんが口を閉じて聞いてくれるとパパはうれしい。④△くんが話す番のときはパパは口を閉じて聞く。順番が守られると、二人ともうれしい。（○）

コラム

発達障害の子に対する合理的配慮とは

発達障害の子どもに対する合理的配慮とは、具体的にはどういうことをいうのでしょう。学校教育の場面で考えてみましょう。

読み書きに困難があるＬＤ児に対しては、拡大教科書やタブレット、音声読み上げソフトを利用する。まわりからの刺激に敏感で集中し続けることができないＡＳＤ児には、仕切りのある机を用意したり別室でテストを受けられるようにする。集中力が続かず指示の理解に困難を示すＡＤＨＤ児に対しては、指示を一つずつ出すようにしたり、見通しが立つようにその日の予定をカードや表にして確認できるようにする。こういったことが、合理的配慮の一部です。

何らかの活動を行うにおいて、その活動が行いやすいように環境を設定するという意味では、ＡＳＤ児・者に対する構造化による支援は、これもほぼ合理的配慮ととらえてもいいでしょう。

先生、相談です。

就労に向けて

先生、相談です。

就労に向けて

高3　男子

LD+ADHD

通常学級に在籍

19 就職に必要な技術習得はどこでできるのでしょうか

読み書きと注意力に課題のある高校生です。今すぐに就職するのはちょっと難しいと考えています。よって、何らかの技術を身につけてから就職活動へと進めたいのですが、就職に必要な技術はどこで習得できるのでしょうか。

障害者職業能力開発校などで

障害のある人の職業的自立を図るために一定期間の職業訓練を行う「障害者職業能力開発校」があります。国公立（国立機構営・国立県営・県立県営）は19校あり、障害ごとに訓練コースが設定されています。現在のところ、明確に発達障害者対象とうたうコースは左表のとおりです。障害別を問わないコースに、また条件が合えば精神障害者や知的障害者を対象とするコースに、応募は可能です。受講料は無料、年齢等の条件を満たすほか、基本的にハローワークへの求職登録が必要です。

高齢・障害・求職者雇用支援機構によると、民間の障害者職業能力開発訓練施設

も、全国に20か所ほどあります。

また、一般の公共職業能力開発校にも、発達障害者を対象とする訓練コースが設けられているところがあります。住所地のハローワークに問い合わせてください。

障害者委託訓練で

障害者職業能力開発校等が外部に委託して職業訓練を行う、次のようなプログラムも利用できます。

【知識・技能習得訓練コース】

専門学校・各種学校等の民間教育機関、障害者に対する支援実績のある社会福祉法人等、障害者を支援する目的で設立されたNPO法人等を委託先として、就職の促進につながる基礎的な知識・技能を

[発達障害者対象のコースがある国公立障害者職業能力開発校]

名称	コース名	期間	年齢など
中央障害者職業能力開発校（国立職業リハビリテーションセンター）	物流・組立ワークコース オフィスワークコース	1年	—
国立吉備障害者職業能力開発校（国立吉備高原職業リハビリテーションセンター）	オフィスワークコース 販売・組立ワークコース サービスワークコース	1年	—
東京障害者職業能力開発校	職域開発系（職域開発科） 就業支援系（就業支援事務科）	6か月 3か月	—
大阪障害者職業能力開発校	Jobチャレンジ科	6か月	15歳以上
広島障害者職業能力開発校	チャレンジコース（総合実務科）	6か月	15歳以上
千葉県立障害者高等技術専門校	職域開拓コース	1年	義務教育修了

習得するためのコースです。実務に即した訓練を主体に、ビジネスマナーや模擬面接、履歴書の書き方等の指導が受けられることもあります。

【実践能力習得訓練コース】これは企業等を委託先とし、事業所現場を活用した実践的職業訓練です。修了後はそのまま就職できる可能性もあります。

【特別支援学校早期訓練コース】特別支援学校高等部等の卒業年次に在籍、10月時点で就職先が内定していない人が対象の、前2コースの内容に準じたコースです。

訓練期間はいずれも原則として3か月以内、訓練時間は月あたり100時間を標準に下限が設けられています。受講料は無料で、受け入れ機関に受講生1名につき原則月6万円または9万円を上限に委託訓練費が支払われます。

各都道府県の地域障害者職業センターで

地域障害者職業センターでは、障害者の就労支援の専門的研修を受けた障害者職業カウンセラーによる職業相談から職業評価、職業準備支援、職場適応援助者（ジョブコーチ）による支援、就職後の職場適応指導まで、一貫した職業リハビリテーションサービスが実施されています。

障害者就業・生活支援センターで

障害者就業・生活支援センターは、就業だけではなくソフトスキルの側面である日常生活の支援が実施されるところが特色です。

就業面の支援は就業全般に関する相談支援で、具体的には就職に向けた準備支援（職業準備訓練、職場実習の斡旋《あっせん》）・就職活動の支援・職場定着に向けた支援などが実施されています。生活面での支援では、日常生活・地域生活に関して、利用者が望む生活を組み立てるための助言を行います。つまり、生活習慣の形成、健康・金銭管理など、生活するうえで必要なソフトスキルの支援に加え、住居や年金、余暇活動など、生活設計全般の助言とそれに伴う関係機関との連絡なども行います。

［地域障害者職業センター］

- 高齢・障害・求職者雇用支援機構が運営
- 全国の都道府県に１か所（北海道、東京都、愛知県、大阪府、福岡県には支所を含め２か所）ずつ

●職業相談・職業評価 ●職業準備支援 ●職場適応助言者（ジョブコーチ）による支援 ●リワーク（職場復帰）支援 ●その他

［障害者就業・生活支援センター］

- 国・都道府県の委託を受けた社会福祉法人、NPO法人が運営
- 全国に 327 か所

就業面での支援	●就職に向けた準備支援（職業準備訓練、職場実習の斡旋《あっせん》等） ●就職活動の支援（ハローワークへの同行等） ●職場定着に向けた支援（職場訪問による職場適応状況の把握等） ●障害特性をふまえた雇用管理についての事業所に対する助言 ●関係機関との連絡調整
生活面での支援	●生活習慣の形成、健康管理、金銭管理等の日常生活の自己管理に関する助言 ●住居、年金、余暇活動など地域生活、生活設計に関する助言 ●関係機関との連絡調整

先生、相談です。

就労に向けて

短大２年　女子

ADHD+ASD

短大に在籍

20 特に発達障害者を対象とした就労支援制度がありますか

不注意な点が多く、よく財布や携帯を忘れます。また、こだわりが強く、一つのことに集中するとほかが見えなくなってしまいます。短大卒業後は、発達障害ということをオープンにしての就職を考えています。特に発達障害者を対象とした就労支援制度がありますか。どのようなものがあるのでしょう。

複層的な制度のもと、さまざまに

「発達障害者支援法」の施行以来、さまざまな機関で発達障害の人の就労支援を行うようになってきています。ハローワークをはじめとした雇用・労働の専門機関以外にも、発達障害の相談全般を行う発達障害者支援センターや、「障害者総合支援法（障害者の日常生活及び社会生活を総合的に支援するための法律）」に基づく就労移行支援事業所（p59参照）、就労継続支援事業所（A型・B型　p61参照）、また就労支援センターなどが、各種の就労支援を実施しています。

地域障害者職業センターによる職業準備支援

地域障害者職業センターの発達障害者に対する就労支援の流れの中で、12週間程度の職業準備支援というものがあります。発達障害を主たる障害とする人を対象に、全国47センターと東京多摩支所で実施されている体系的な支援プログラムです。この事業では職業センター内で対人関係やリラクゼーションなどの講座を8週間ほど受講したのち、実際の企業で4週間ほど体験実習を行います。

この12週間の「発達障害者就労支援カリキュラム」を経過し、発達障害者に対する基本的支援方法や環境の構造化をまとめるまでがこの事業ですが、その後の企業内におけるジョブコーチによる就労支援へとつながっていきます。

若年コミュニケーション能力要支援者就職プログラムによる支援

発達障害者の多くがコミュニケーションに問題を抱えているため、就労に向けて、「若年コミュニケーション能力要支援者就職プログラム」という支援を受けることができます。このプログラムは、若年（34歳以下）求職者を対象に、ハローワークの一般相談窓口に配置された就職支援ナビゲーターによる個別支援を行うものです。この就職支援ナビゲーターには、助言・指導役として、労働局から委嘱された「発達障害者専門指導監（発達障害に詳しい精神科医や大学教授などの学識経験者）」が連携します。

就職支援ナビゲーターは発達障害の人の希望により、支援の方法を分けて行っています。一つは発達障害ということをオープンにして、障害者としての就職を希望する人たちに対する支援です。そのような人たちに対しては、ハローワークの障害者コーナー（専門援助部門）や地域障害者職業センターなどに誘導し、職業評価や職業準備支援、ジョブコーチ支援などを受けられるようにします。また、障害者雇用を促進したい企業を紹介するなどの支援を行っています。

一方、発達障害ということをクローズにして就職したい人たちにも、カウンセリングや求人開拓、面接同行、事業所見学、対人技能訓練などの支援を行います。そのような個別支援を受ける中で、より専門的支援を受けたほうがいいと考えられる場合には、発達障害者支援センターや他の支援機関等に誘導して就職をめざすという支援を行う場合もあります。

就労支援者を育成するための事業も

発達障害者自身でなく、就労支援者を育成するための事業も行われています。就労支援機関や企業に在籍する発達障害の人に対する理解を促進し、関係者等に対して就労支援のノウハウの付与のために行われている事業で、発達障害者の雇用経験がない事業主に対して、理解・啓発・雇用促進を目的として行われる10日間程度の実習が実施されます。「就労支援関係者講習」「体験交流会」「体験型周知事業」があります。

【就労支援関係者講習】障害者雇用対策の現状、発達障害者の障害特性および職業生活上の課題、発達障害者の特性をふまえた効果的な支援技法などの講習が行われます。

【体験交流会】発達障害者の職業生活上のさまざまな困難や支援ニーズ等を把握するため、在職・求職中の発達障害者と就労支援者等が専門家の助言を得ながら、意見交換を行う交流会が実施されます。

【体験型周知事業】企業において発達障害者を対象とした2週間程度の職場実習を実施することにより、雇用のきっかけづくりを行い、実習後に専門家のアドバイスを受けることができます。

雇用促進のための助成金制度がある

発達障害者の雇用を促進し、職業生活上の課題を把握するための、企業を対象とした助成金制度で、「発達障害者・難治性疾患患者雇用開発助成金」（2013〈平成25〉年度より難治性疾患患者雇用開発助成金と統合）といいます。ハローワークの紹介により発達障害者を雇い入れ、一定の、雇用管理に関する報告を行う必要があります。企業規模や就労時間によって異なりますが、最低30万円から最高120万円の助成金が企業に支払われます。

先生、相談です。

就労に向けて

21歳 男性

LD

離職中

21 支援機関相互に情報を共有してもらえないのでしょうか

子どものときに教育センターでLDの判断を受けた息子です。専門学校を出て就職したのですが、上司から強い叱責を受け離職しました。途方にくれ発達障害者支援センター、就労支援機関など訪ねても、検査をするだけでたらいまわし状態です。LDという判断や診断、支援のための情報を共有してもらえないのでしょうか。

実はよく見られる例…

おっしゃるとおりですね。著者の知る、やはりLDの人も似たような目に遭いました。医療機関ではLDは教育の領域だろうといわれ、発達障害者支援センターに行ったところ、就労支援機関に行ったほうがいいといわれました。就労支援機関に相談に行っても、知能検査を実施されてLDの特性があるといわれただけで、就労に向けての支援にはつながりませんでした。

LDの場合は読み・書き・計算が課題となっているため、子どものときは教育センターや児童相談所などで相談されるパターンが多いようです。しかし、成人して

就職を考える時期には、医療機関、福祉機関、就労支援機関など、どこが最も適切な機関なのかわからず、いろいろな機関を巡り続けるといった人もいます。

個人情報保護の観点から難しいが、本人持参という方法も

支援機関同士が協力してもらえると助かるのですが、情報共有ができない理由の一つに、個人情報保護の問題があります。大切な個人情報を勝手に他機関に伝えてしまうという危険性を避けるためです。

そうした事情の中、支援機関で行われた検査や診断の結果を発達障害者本人が所有し、それを他機関に持参するということが行われてきています。すべての機関で実施されているわけではないので、相談に出向く前に確認するといいでしょう。

診断があれば支援は受けられる

発達障害者に対しては、療育手帳や精神障害者保健福祉手帳がなくても、診断書や判断書があれば、これまで述べてきた数多くの支援を受けることができます。

まずは医療機関等で診断を受けて、ハローワークの障害者コーナーで相談してみましょう。ハローワークには、20でも紹介したように、就職支援ナビゲーターという発達障害者に詳しい支援員が配置されているところがあります。ハローワークを通して、より詳しい支援が必要と判断されれば、地域障害者職業センターや障害

者就業・生活支援センターに誘導してもらえます。

発達障害者の就労支援は道半ば

発達障害者の就労にはいくつかの壁があります。

一つには、就労支援者が発達障害について特性を十分に把握していないということが挙げられます。ＬＤのような能力の偏りに理解がなく、不適切なマッチングをしてしまったり、また、就労には作業能力だけではなく仕事に対する興味関心や意欲、日常生活能力の確立なども関連しているのに、作業能力のみでマッチングをしてしまったり、ということがあります。

二つ目は、企業でともに働くことになる同僚・上司の発達障害に対する理解不足です。とりわけ、学歴の高いＡＤＨＤやアスペルガータイプのＡＳＤに対して、「人づきあいが悪い、ちょっと変わった人」のようなとらえ方をしており、彼らの特性を理解しているとはいいがたい現状です。

三つ目は家庭の子育ておよび学校教育の問題です。特性をふまえた指導やサポートが意識的になされず、問題が先送りされがちです。そのため、知的に高く進学校に進むことも多いアスペルガータイプのＡＳＤの人たちは、学校での勉強などは容易であっても、自ら判断し行動しなければならない働く現場では、何をどのようにしたらいいのかがわからず、混乱してしまうことが多々見られます。

今後に向けて

それでは、今後どのようなことに留意していけばいいのでしょうか。

高齢・障害・求職者雇用支援機構が2011（平成23）年に実施した「発達障害者のための職場改善好事例集」によると、75社が応募し、優秀賞、奨励賞にそれぞれ6社、最優秀賞に1社が選ばれました。これらの企業は発達障害者に特化したさまざまな合理的配慮を行い、就職後の職場定着においてもすばらしい実績を残しています（高齢・障害・求職者雇用支援機構、2013）。

これらの改善例から学べる大切なことは、まず、適切なジョブマッチングです。次に発達障害とはどのような障害かを同僚や上司が理解しているということです。適切なジョブマッチングと職場の理解を促進するためには、雇用契約を行う前に実際に企業で働いてみる企業実習が有効です。実習によって、雇用側は、発達障害の人の適性を考えた職場配置を検討し、その人のニーズに合った合理的配慮を行うことができます。また、支援者は実習中に生じた問題や具体的な支援方法について、企業の同僚・上司にどのような支援が必要かを伝えることもできます。

そして、就労を希望する当事者側としては、これまでも何度か述べてきましたが、職業生活に必要なスキルを理解し、習得に努めることが大切です。また、加えて、自分自身をまわりに理解してもらう工夫を、できる限りしていくことも必要でしょう。

先生、相談です。

就労に向けて

大学４年 | 男子

ASD

大学に在籍

22 障害者枠で就職すべきかどうか迷います

大学に入ってから、うまく適応できずにうつを発症しました。精神科で抗うつ剤を処方されたのですが、一向によくならず、別の病院でアスペルガータイプのASDと診断され、納得がいきました。ただ、障害者枠で就職すると何かとデメリットもあると聞いたので、オープンにするかどうかで迷っています。

障害者枠のメリットとデメリット

就職する際に一般枠か障害者枠かは迷うところです。一概にどちらがいいということはいえません。ただ、多くの発達障害の人たちは診断されてホッとしたと答える人が多く、その理由は、それまでの困った状況やまわりの反応が自分の性格のせいではなく、脳障害が原因とわかったからと言います。

障害者枠での就職のメリットの一つは、これと似たようなことで、障害ゆえの困難があることを本人もまわりも認識できることです。そして、障害ゆえの困難への理解と配慮が得られることです。まわりの同僚・上司が理解してくれて、合理的配

慮を検討してくれることにつながります。特例子会社（p62コラム参照）などはこのような支援がなされており、定着率も高いのが伺えます。

ただ、障害者理解が進んでいない職場では、ASDであるということをカミングアウトすることによって、いじめに遭うこともないとはいえません。無理解による不当な扱いは、起こり得るデメリットの一つといえるでしょう。障害者枠で就職する場合には、一緒に働く職場の上司や同僚の理解が不可欠ということです。

一般枠でチャレンジする場合は…

障害者枠ではなく一般枠で就職しようとする場合は、特性に応じたサポートなどは、ほぼないと考えなければなりません。また、当然ながら、他の多くの学生との競争になります。大学には就職部や就職課という部署があるため、そこで相談することはできますが、基本的には他の多くの学生と同様に自分で企業情報を調べ、履歴書を書き、エントリーシートを記入し、先輩を訪ね、面接に行くことになります。そして、たとえ就職できたとしても、特別な配慮（合理的配慮）をしてもらうことは基本的に期待できません。

定型発達の学生と発達障害学生の就労に対する意識として、著者は次ページの表のようにまとめています。表の内容がすべて該当するとはいえませんが、発達障害のある学生は中枢性統合が困難なため、こまごまとした就労までの過程でうまく対

処することができない人が多いのが現状です。

両にらみでいきたい場合…

障害者枠にするか一般枠にするか、決めかねて両にらみでいきたい場合、利用するといいのが、20で紹介した「若年コミュニケーション能力要支援者就職プログラム」です。ASDなどのコミュニケーション能力に困難を抱えている求職者について、ハローワークで提供するプログラムです。

療育手帳や精神障害者保健福祉手帳などの手帳を取得し、障害者としての就職を希望する場合は、就労支援の専門機関である地域障害者職業センターや発達障害者支援センター等を紹介し、専門的な支援を受けることができるよ

[定型発達学生と発達障害学生の就労意識の相違]　（梅永、2010年）

	定型発達学生	発達障害学生
仕事に対する情報	多くの職種を知っている	ごく限られた情報しか知らない
職種の選定	年齢とともに抽象的な職種から具体的な職種へ絞り込む	職種の理解に具体性がない
就労までの過程	自分の就きたい職種に応じて情報を集め、必要に応じて研修やトレーニングを受けるあるいは自分で学習する	自分の就きたい職種が曖昧であるため、何をしていいのかわからない。具体的な職種を決めたとしても、そのために何もしない、または何をしたらいいのかわからない

うに支援します。障害者向けの専門支援を希望しない人についても、本人の希望や特性に応じて、企業への付き添いや履歴書の書き方の指導など、きめの細かい支援が実施されています。

縁故を頼って就職という選択もある…

また、発達障害であるというよりはその人の特性をよく理解してくれるような企業を探して就職するということもあり得るでしょう。本人をよく知る大学の教授などが適切なマッチングをしてくれ、いい職場に巡り会えるかもしれません。そういう幸運は大事にしたいものです。

ただ、縁故によって就職した発達障害学生が、まわりの理解を得られず、徐々に職場で孤立してしまい退職した例が頻繁に報告されていますので、職種の選択やその職場で一緒に働く同僚・上司の受け入れ態勢などを慎重に検討する必要があるでしょう。

先生、相談です。

就労に向けて

大学3年 | 男子

ASD

大学に在籍

23 障害者手帳は取得したほうがいいのでしょうか

息子は21歳、大学3年生です。来年の卒業を前に障害者手帳を取得するかどうか迷っています。発達障害の人には発達障害者手帳というものがなく、療育手帳か精神障害者保健福祉手帳を取得しなければならないと聞きました。そういう手帳を取得するのはちょっと抵抗があるのですが、手帳を取得したほうがいいのでしょうか。

手帳は障害者対象のサービスを利用するときに必要

原則として、障害者を対象としたサービスを利用するには、障害者手帳が必要です。手帳があれば、たとえば、税金の優遇措置、医療費の助成、公共料金や電話料金などの割引、公共交通機関、公共施設や映画館などの無料化・割引、生活保護を受ける際の障害者加算などが利用できます。

就労に関する支援では、障害者就業・生活センターで相談支援のサービスを受けるには、障害者手帳の取得（見込みも含む）が条件となっています。

また、就労移行支援や就労継続支援（A型・B型）など、「障害者総合支援法

（障害者の日常生活及び社会生活を総合的に支援するための法律）」に基づくサービスを利用するには、手帳とは別に障害福祉サービスの受給者証が必要になります。

障害者枠での就職には必ず必要

障害者雇用をうたう企業（特例子会社など）の障害者枠に応募するには、障害者としての証明が必要となります。それが身体障害者手帳、療育手帳、精神障害者保健福祉手帳といった障害者手帳です。

法定雇用率制度（12参照）に基づき、従業員50以上を雇用する企業は、2%（従業員100人なら2人）という障害者雇用率を守らなければなりません。守らない場合は納付金を納めます。この納付金は1人不足すると月に5万円となるため、千人の従業員がいる企業で、障害者が10人しかいなければ、残りの10人分×5万円×12か月＝600万円を1年間に納付しなければならないのです。逆に、障害者を雇用すると、企業規模によって調整金や報奨金といった助成金を受け取ることができます。企業が平等に障害者雇用の役割を果たそうという趣旨から生まれた制度です。

発達障害者の障害者手帳は…

発達障害の人たちには、発達障害に特化した発達障害者手帳というものはありません。よって、知的障害を伴うＡＳＤや、知能検査によるＩＱ値が低いＬＤなどの

場合は療育手帳という知的障害を証明する手帳を取得できる可能性があります（p135コラム参照）。また、知的に障害のないASDあるいはADHDの場合は、精神障害者保健福祉手帳を取得することができます。

２０１８（平成30）年からの精神障害者の雇用義務化により、発達障害者も精神障害者保健福祉手帳を取得した場合に、より雇用が促進される可能性があります。

療育手帳は18歳未満であれば児童相談所、18歳以上であれば知的障害者更生相談所が窓口、精神障害者保健福祉手帳は地域によっては保健所や保健センターが窓口になっています。いずれにせよ、居住地の福祉事務所（役所の福祉相談窓口）で相談するといいでしょう。

手帳取得は本人の納得を前提に

人に勧められたから手帳を取得するというのではなく、本人がメリット・デメリットを確認し、納得してから取得することを勧めます。

メリットには、前述したように税金や料金の優遇、特定のサービスの受給などがあります。一方デメリットとして、はっきり障害者だと意識させられる、就職においては一般の人とルートが分かれるといったことがあります。ただ、手帳を取得した多くの人は、これで定型発達の人たちと同じことができなくても、決しておかしいことではないと認められ安心したと話しています。

[療育手帳と精神障害者保健福祉手帳]

	療育手帳＊自治体独自の名称のことも	精神障害者保健福祉手帳
対象	知的障害者	精神障害者（統合失調症、気分障害〈うつ病、躁《そう》うつ病〉、てんかん、アルコール依存症、高次脳機能障害、発達障害など）
取得条件	IQ 値がおおむね 70 ～ 79 を下回る	精神障害の状態が長期にわたり日常生活または社会生活への制約がある
等級	重度（A）とそれ以外（B） ＊自治体により独自の区分あり	重いほうから 1 ～ 3 級
交付	都道府県知事・指定都市市長	都道府県知事・指定都市市長

[発達障害者が精神障害者保健福祉手帳を取得する場合の等級別障害程度]

1 級	発達障害があり、社会性やコミュニケーション能力が欠如しており、かつ、著しく不適応な行動が見られるため、日常生活への適応が困難で常時援助を必要とするもの
2 級	発達障害があり、社会性やコミュニケーション能力が乏しく、かつ、不適応な行動が見られるため、日常生活への適応にあたって援助が必要なもの
3 級	発達障害があり、社会性やコミュニケーション能力が不十分で、かつ、社会行動に問題が見られるため、労働が著しい制限を受けるもの

先生、相談です。

就労に向けて

25歳 男性

未診断

在宅・無業

24 ひきこもりが続いていますが、いつまでも親が養うわけにいきません

25歳の息子です。まだ診断は受けていませんが、中学校のときからずっとひきこもっています。部屋は汚く、古い漫画や雑誌を捨てずにいて、まるでゴミ屋敷です。一日中、ゲームばかりして過ごしています。今は親が元気なのでなんとか養えていますが、いつまでもこうしているわけにはいきません……。

ひきこもり・ニートのかげに発達障害

厚生労働省によると、教育課程に籍をおいているわけではなく、働いておらず、また職業訓練も受けていない、いわゆるニート(NEET：Not in Education, Employment or Training)や、ひきこもりの人の、2～3割程度は発達障害であると分析されています。

ニートは若年無業者に用いられますが、近年、より高齢の無業者であるスネップ(SNEP：Solitary Non-Employed Persons)といわれる人たちの存在も報告されています。

非正規雇用労働、ワーキングプアとも関連？

ニートだけではなく、正規雇用の労働者ではないアルバイト、パート、派遣、嘱託等の非正規雇用でかつ低賃金で働いている人たちのなかにも多くの発達障害者がいるのではないかといわれています。わが国では非正規雇用で働いている人たちが全労働者の4割近く、女性に限っては6割近くに上ります。

もちろん、非正規雇用の形態が必ずしも悪いことではなく、家庭の事情等で自ら希望してパート勤務などの非正規雇用の状態となっている場合もあるでしょう。しかし、その結果、経済的に高い賃金をもらえる職場で働くことは少なく、いわゆる働いても生活保護の基準に満たない、年収200万円以下といわれるワーキングプアの人が多いという現実も見逃せません。

大人のひきこもりから犯罪、路上生活へ？

成人になって仕事に就いてない状況のままでは、大人のひきこもり状態になる可能性があります。

ご心配のように、保護者が経済的な援助ができなくなれば、すぐに生活に困ることになるでしょう。事実、食べていくために万引きや無銭飲食などの犯罪に手を染めてしまった発達障害者の例も報告されています。もし犯罪に手を染めない場合は、極端な場合、路上生活をしなければならなくなる可能性も出てきます。

地域若者サポートステーションという支援機関

ひきこもりといっても原因はさまざまです。学校でのいじめから不登校、そのまま外に出なくなった場合、いじめがないところへは参加できるかもしれません。

ひきこもり・ニートの若者対策として設けられている、地域若者サポートステーション（サポステ）というところがあります。15歳から39歳までの若者に対し、コミュニケーションの指導や職場体験などを通して、就労に向けた支援を行っている機関です。なかには、就職活動の基礎知識の指導や職場実習だけではなく、就職に必要な基礎的な資格の取得支援などを行っているところもあります。サービスの多くは無料です。ただし、サポステでは、職業紹介は基本的に行いません。

サポステは、厚生労働省の委託を受けたＮＰＯ法人や株式会社により、２０１６（平成28）年現在、160か所が運営されています。

障害者手帳、診断の有無にかかわりなく利用可能

サポステは発達障害に特化した支援機関ではなく、療育手帳や精神障害者保健福祉手帳は必要ありません。発達障害の診断等を受けている必要もありません。働く意思はあるけれど何らかの課題を抱えている人（働きたいけどどうしたらいいのかわからない、生活のリズムが不規則、コミュニケーションが苦手で不安、一度働いたけど離職して自信がない、など）の人が対象となっています。

[地域若者サポートステーションによる支援]

対象者	ニート等の若者（15～39歳で、仕事に就いておらず、家事も通学もしていない者）のうち、就労の意思はあるもののさまざまな課題を抱えている者 ●働きたいけど、どうしたらいいのかわからない ●働きたいけど、自信がもてず一歩を踏み出せない、自分に何かできるとは思えない　など ●人間関係のつまずきで退職後、ブランクが長くなってしまった ●生活リズムが不規則（昼夜逆転） ●コミュニケーションが苦手で不安（大勢の中で活動できない、1対1なら話せるが集団の中では話せない　など） ●守ろうとしても時間が守れない
おもなサービス	**サポステ相談支援事業** ●キャリアコンサルタントなどによる職業的自立に向けた専門的相談 ●各種就職支援プログラム（職場体験など） ●高校中退者等のニーズに応じたアウトリーチ型の相談 ●各種セミナーを通じた啓発、他の若者支援機関への誘導 **定着・ステップアップ事業** ●サポステ卒業者を対象とした職場定着相談、より安定した雇用をめざすためのステップアップ相談 ●サポステ卒業者を対象とした懇談会の実施 **若年無業者等集中訓練プログラム事業**　※一部のサポステで実施。合宿形式を含む 生活面等のサポートと職場実習の訓練を集中的に実施 ●職場実習（OJT訓練）による基礎的能力の付与 ●基礎的資格の取得支援 ●就職活動の基礎的知識等の獲得

コラム

親亡きあとの生活を可能にするライフスキル

発達障害の人の間でもパラサイトシングルが増えています。アパートなどで独り暮らしをする人よりも保護者と生活する人が多い現状です。このような場合、保護者亡きあとに自立して生活をすることができず、そのため仕事にも影響を及ぼし、離職につながる場合が出てきます。

そのときを考えると図のように金銭管理、健康管理、生活管理、対人行動、そして法的な問題などに対応できるスキルを身につける必要があります。ただ、このようなスキルは一つの領域の中だけで生じるわけではありません。よって、表のようにマトリックスで考えていくといいでしょう。

表は一例にすぎませんので、家庭環境や地域環境、年齢、活動内容などに合わせて個別に作成する必要があるでしょう。

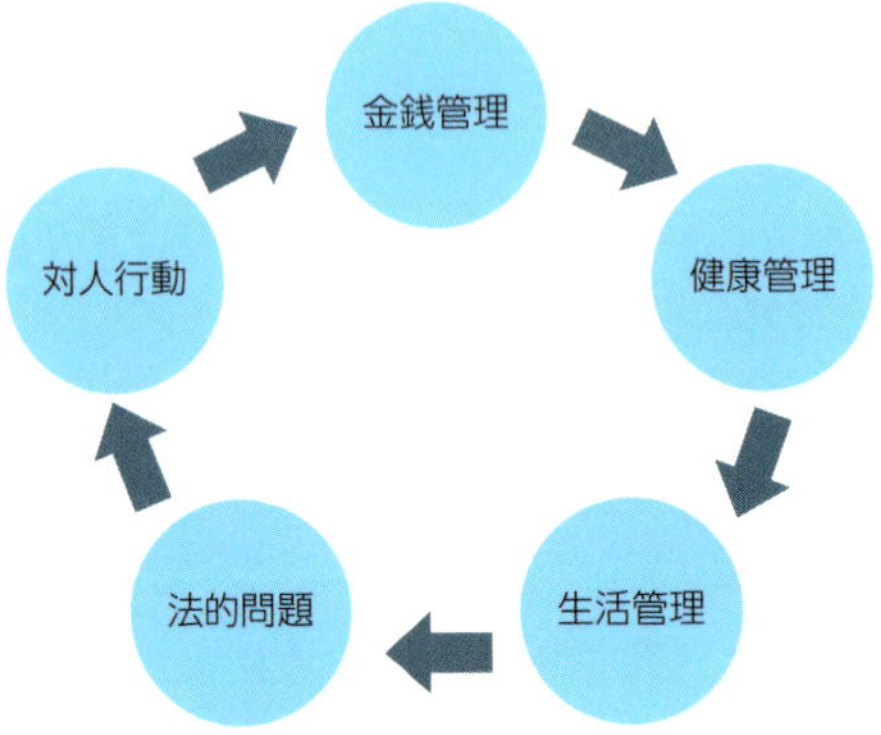

親亡きあとに必要な成人期のスキル

法的問題
△
○
○
○
○
○
○

[ライフスキルのマトリックス]

	生活管理	金銭管理	健康管理	対人行動
食生活（朝食、昼食、夕食、その他）	○	○	○	
衣類（普段着、仕事着、その他）	○	○	△	
他の生活（石鹸、洗剤、シャンプー・リンス、タオル）	○	○	△	
余暇（映画、コンサート、スポーツ観戦、交通費）	△	○		△
理美容院	○	○		△
月ぎめの支払い（部屋代、電気・ガス・水道・携帯、インターネット）	○	○		
急な出費（薬・医者・歯医者代）	△	○	○	△
薬を買う	○	○	○	△
医者・歯医者にかかる	○	○	○	△
運動する	○	△	○	△
食生活を意識する	○	△	○	
身だしなみ（洗顔、歯磨き、ひげそり、入浴、化粧、整髪）	○	△	△	△
炊事、洗濯、掃除	○			
睡眠	○		○	
友人関係		△		○
会社の同僚・上司とのつきあい		△		○
近所づきあい				○
移動（乗り物の利用、車の運転）	△	○		
トラブル（ストーカー、車を運転する場合は違反・事故処理）				○
訪問販売	△	○		○
宗教団体		○		○
俺々詐欺		○		○
福祉行政への相談、援助依頼	△			○

先生、相談です。

就労に向けて

大学３年 男性

未診断

大学に在籍

25 自営や起業、研究者への道が合っている気がします

息子は理科系の有名大学に通っています。学校の勉強はずっとよくできたので、仕事の才能は十分あると思いますが、なぜかアルバイトは続かず、人に使われるのに向いていないようです。テレビで見たアスペルガー症候群の人にとても似ています。いっそ、自営や起業、研究者などへの道が合っている気がするのですが……。

在宅就労や自営、フリーランスが可能な職種はある

テレビで見たアスペルガー症候群の人に似ているとのことですが、ＡＳＤの可能性を考えておられるのですね。発達障害のなかで特にＡＳＤの人たちには、パソコン操作などのＩＴ技術に長《た》けている人がいます。なかには、システムエンジニア（ＳＥ）やプログラマーなどの仕事で在宅就労をしている人もいます。また、数は多くはありませんが、イラストレーターやエッセイストなども、作品をメールでやりとりできるようになったので自営で働く人たちもいます。ネット販売やブログ製作などで起業して成功している人もいます。フリーランスで塾の講師、コンサルタ

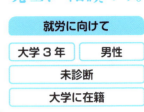

ントなどの仕事をしている人もいます。

ASD以外でも、たとえばデイブ・ロンガバーガーはLDだといわれており、学校では落第を繰り返し進級できず、弟に追い抜かれてしまいましたが、経営の才能はあったようで、バスケット製造会社を立ち上げ、世界的企業にまで発展させました。同じく小学校時代に落第し、いまだに文章をうまく読めないハリウッドの映画監督スティーブン・スピルバーグも、自営といえば自営なのかもしれません。

在宅就労を後押しする国の制度

在宅就業障害者を支援する制度もあります。基本的に企業と在宅就業障害者との間に、厚生労働大臣による登録を受けた在宅就業支援団体があり、企業がこの団体を介して在宅就業障害者へ仕事を発注します。そして、その企業が常時10人以上の在宅障害者を雇用している場合、障害者雇用納付金制度に基づく特例調整金・特例報奨金が支給されるものです。

ASDのタカシさんの例

人づきあいが苦手で会社勤めは難しかったタカシさん（仮名）は、アスペルガータイプのASDとの診断を受けています。機械が好きだったので工業高等専門学校に進学しました。そこでプログラミングを学び、自宅でSEとして起業しました。

就労に向けて

さまざまな企業からプログラミングの依頼が来ますが、直接担当者と会うことはなく、すべてメールのやりとりで対応できるので、この仕事は気に入っています。

最近になって、同じような障害のある人たちとチームを組んで小さい会社を立ち上げました。お互い人と接触するのが苦手な人たちなので、ミーティングは月に1回程度で、それ以外はすべてメーリングリストでやりとりをしているそうです。今の時代、このような仕事の仕方も可能になってきています。

起業にはリスクも伴う

才能を生かし、独自の路線を開拓して起業する場合、近年IT関係で成功を収めている人も増えてきていますが、ベンチャービジネスといわれるように、やや冒険的なこともあり、うまくいけばいいのですが、すべての人が起業してうまくいっているわけではありません。

起業するということは自分が事業主になるわけで、経営上の責任を負うことになります。当然ながら経理・財務、従業員を抱えれば人事管理などの必要も生じます。また、取引先がすべて善意のみで接してくるとは限りません。きわどい投資話や詐欺に引っかかる危険性もあります。話を文字どおりに受け取りがちなASDの人にはリスキーな環境といえるでしょう。信用できる共同経営者を置いて上手に業務分担するなどの工夫が求められるでしょう。

研究者にはＡＳＤが多い？

近年、ノーベル賞やフィールズ賞を獲得した人たちの中にＡＳＤの人が多いという報告もあります。研究者は最も適した仕事の一つかもしれません。本人がＡＳＤと診断されているテンプル・グランディンさんはコロラド大学の教授ですし、アインシュタインもＡＤＨＤだったとかアスペルガータイプＡＳＤだったとかいわれています。

一つのことに集中できるＡＳＤの人たちは、定型発達の人たちとは一味違う異なる視点や発想をもっている人たちも多いので、好きなこと、得意なことを伸ばしていくことにより、それが優れた発明や発見につながる可能性があります。

研究者になるには大学院まで進む必要あり

研究者になる場合は、大学のみではなく大学院を修了しておく必要があります。大学院には、大卒後2年間の修士課程と、修士課程修了後3年間の博士課程という5年間のコースを設けている大学が多く、修了までの道のりはそれなりに長いと知っておいてください。企業の研究者の場合は、修士課程修了でも採用されることがあります。大学教員の場合は、博士の学位を所有していることが望まれます。

いずれも、何かしらの対人関係は必要となります。研究者の場合でもグループで研究する場合は、人とのかかわり方に気をつけておく必要があります。

就労に向けて

先生、相談です。

就労に向けて

大学４年 男子

未診断

大学に在籍

26 以前からもっているイメージにこだわり、志望を変えられずにいます

現在、大学４年生の息子です。小さいときから鉄道に興味があり、鉄道関係の会社に就職したいという希望があります。ほかの仕事も考えてみてはどうかと言っても、もっているイメージにこだわりがあり、志望を変えられません。どのように説得すればいいでしょうか。

障害の特性で変えるのが難しいのかも

相談の内容からは、息子さんの障害が何なのか、診断がついているのかどうかはわかりませんが、ＡＳＤの特性をもっているのかもしれませんね。興味関心の範囲が狭く、一度興味関心の対象になったものから離れがたい傾向が、ＡＳＤの人にはあります。

そういう場合、「ほかの仕事も考えてみてはどうか」と言葉で勧めてみても、自然とイメージが湧いてくるわけではないので、本人まかせでは変わることはできないでしょう。何らかの支援が必要となります。

ほかの仕事に目を向けさせるには…

まずは、息子さんの希望を優先しましょう。鉄道といってもＪＲから私鉄、地下鉄、地方の鉄道などさまざまです。また、鉄道にかかわる仕事もいちばんめだつ運転手から車掌、駅の改札勤務、新幹線のコンピュータ管理、鉄道工事、電車の清掃など多岐にわたります。

どのような職務に就きたいか、その職務につくためには何をしなければならないか、どのような採用試験を受けねばならないかなどを親子で話し合って、できるだけ希望に沿うかたちで支援していきましょう。ひょっとしたらいちばん合っている仕事かもしれません。

ただ、合格しなかった場合はほかの仕事を考え、鉄道関係は趣味で楽しむという方法を伝えてもいいでしょう。

就職活動の中でなら、専門機関の支援を受けて

いざ就職先を探す段階になったら、職業適性検査を受けて可能性を探ることもできます。

職業適性検査は、地域障害者職業センターなどで行っています。よく使われる職業適性検査はＧＳＴＢ（General Aptitude Test Battery：厚生労働省編一般職業適性検査）といわれるもので、13群40種の中から職業適性が見出されます。

専門的な機関で客観的な検査を受け、専門家と相談することにより、自分の適性を客観視でき、進路を柔軟に考えることができるかもしれません。

職業カウンセリングの中で自分を客観視できることも

また、東京障害者職業センターでは、職業カウンセリングの中で、ＥＳＰＩＤＤ（Employment Support Program for Individuals with Developmental Difference）というアスペルガータイプＡＳＤに特化した職業リハビリテーションサービスを検討中です。このプログラムでは、従来の傾聴的カウンセリングではなく、左の表のような、確認しながらのカウンセリングを行っています。

表のような項目を一つずつ、カウンセラーと発達障害のある求職者との間で確認しながらカウンセリングを進めていくと、「ああ、自分はこのようなところが弱かったのか」といった自己理解が進むということが報告されています。

また、このプログラムでは短期の職業準備支援事業や職務試行という実際の仕事を行って、自分の能力を客観的に理解する事業も含まれています。

このような専門機関と相談することにより、自分の能力や適性を客観的に理解できるようになる可能性があります。

26 以前からもっているイメージにこだわり、志望を変えられずにいます

[ESPIDDで使用される職業カウンセリング]

会話について

- 考えていることを思わず口にしてしまう（意図はしていないが相手を怒らせてしまう）
- ほかの人の話に割って入る
- 単調な口調で話す傾向がある
- 声が大きすぎる、顔が近すぎる
- 集団での会話はついていけない
- 言葉を文字どおりに受け取り、指示・期待を誤解する
- 言語による情報の処理が遅い

アイコンタクトについて

- 適切なアイコンタクトをとるのが難しい

第三者とのかかわり方

- 何を言うべきか・どう行動するべきかがわからない

仕事について

- すぐに気が散ってしまう
- 取りかかり方・手順がよくわからない
- 仕事が遅い、優先順位をつけるのが難しい
- 選択肢を考えるのが難しい
- 同時処理（聞きながら書く、相手を見ながら話を聞く）ができない
- 作業中に中断されると、再び集中するのが難しい
- 少ない情報に基づき、衝動的に行動してしまう
- 時間の管理（作業の予定を立てること、作業にどのくらいの時間をかけるべきか・かかるかがわかること、時間を守ること、期限を守ること）が困難である

先生、相談です。

就労に向けて

大学３年　男性

ASD

大学に在籍

27 どんな仕事が向いているか、わかりません

息子は、学業面はそこそこの成績で来ており、ひととおり何でもできるのが本人の自慢にもなっているようです。ところが、そろそろ就職に向けて動くべき時期なのに、どんな仕事に就きたいのか方向性が定まりません。息子自身、どんな仕事が向いているのか、よくわからないと言っています……。

体験・見学で仕事内容を知ることから

実際、どんな人でも実際に仕事をやってみないとどんな仕事に向いているかはわかりません。仕事への適性を探るには、実際に体験してみることが第一です。ただ、学校在学中などではアルバイトにトライしたとしても、ごく一部の職種しか体験できないということもあるでしょう。よって、体験が難しい場合はいろいろな仕事を実際に見学することをお勧めします。近年、インターネットでいろいろな職種が紹介されています。企業によっては、動画を配信して仕事の内容を説明しているところもあります。

トップダウン型指導の中で「得意」を探す

特別支援教育にボトムアップ型指導とトップダウン型指導というものがあります。ボトムアップ（底上げ）型とは、1円が10個で10円、10円が10個で100円と、ある段階に来たら次の段階に行くといった積み重ねの指導です。就労でいえば、現段階では不器用だから、手先の訓練を行って器用になったら就職できるという発想です。

これに対し、トップダウン（目的指向）型教育というのは、まずは買い物をさせる。その際に必要なお金のやりとりを徐々に指導し、少しずつ詳細化していくという指導方法です。就職場面でいうと、まずは自宅から通える範囲内の事業所で働いてみる、そこで生じた課題を学校や家庭でトレーニングしていく、という方法です。どちらも指導方法としては有効ですが、こと発達障害児・者には、目的がはっきりしているほうが理解しやすいと思われます。よって、いろいろな仕事を知ることによって、その仕事に必要なスキルのうち自分が得意なものを見出していくのです。

外国の好例に見る、実習を通して得意分野を見つけていく方法

デンマークのコペンハーゲンにスペシャリスタナ（Specialisterna）というIT企業があります。ここの従業員の75％がASDの人たちです。この会社のCEOであるソルキル・ゾンネさんは、息子さんがASDでした。ASDがあっても何かできる仕事があるのではないかと考えたところ、コンピュータプログラムのバ

グ（虫）を見つけるのが得意だということがわかりました。よって、デバグ（Debug）という、プログラムからバグを取り除く仕事を行うようになりました。この会社を訪問したとき、ＡＳＤの人たちをほとんど見かけないのに驚きました。その理由を尋ねたところ、みんな実習に出ているとのことでした。この会社はＩＴ企業が密集している地域にあり、すぐ近くにＩＢＭやＨＰ、マイクロソフトなどの会社があり、いろいろなところで実習をさせて、得意分野を見つけるのだそうです。

得意なこと、好きなことも実際の仕事との関係の中で見つけていくことが必要です。このように、さまざまな企業で実習を行うことで、自分の得手不得手がわかり、それを生かした仕事につなげていくことができるのです。

仕事を知り、自分を知る試みを小さいときから

仕事は、その仕事ができるというだけでマッチするわけではありません。興味関心がもてるか、価値観に合うか、そして何より、性格特性や行動特性に合っているかどうかが、職業選択をするうえで大きな要素となります。たとえば、対人関係が苦手だというソフトスキルの課題があるとき、仕事そのものの能力であるハードスキルだけでなく、その課題も十分考慮すべきです。

まずは、小さいときからさまざまな仕事を知ることから始め、その仕事に就くためにはどのような特性がマッチしており、どのような準備をしておくべきかなどを

早期から考えておくと、大人になってとまどうことなくスムーズな成人生活への移行が図られるのではないかと考えます。小さいときから仕事についての意識づけをし体験させるべきことは7でも述べましたが、ここで改めて強調しておきます。

同時に、自分自身の特性を客観的に理解できるようにしておくことも、大切です。

進路選択のトレーニングを積むことも大切

就労というと、どうしても大人になってからの活動というイメージがあります。確かに実際に生活のために働くことは大人の活動ですが、大人になった発達障害の人たちは、幼少時から人まかせが習慣になっていることも少なくなく、それが結果的に離職につながる可能性があるのです。よって、小さいときから自分で自分の進路を選ぶトレーニングをしておくことも大切です。

それは仕事選びに限った話ではありません。進学時どの学校を選ぶのか、あるいは塾や習い事の種類やスケジュールをどうするのかといった選択も、経験することでその力をつけることができます。親がすべてを決めるのではなく、ともに考え、情報を整理していくつかの選択肢を設定したうえで、選択は子どもにさせる、といったトレーニングを、日頃から意識的にしていきましょう。

先生、相談です。

就労に向けて

大学4年 男性

ADHD+ASD

大学に在籍

28 就職活動の細部にわたってサポートが必要!?

ADHDとASDを併せもつ大学4年生の息子です。いろんな企業にエントリーシートを出したのですが、すべて書類審査で落ちました。どうもアピールすべきことがわかっていないようで、いざ面接に進めたとしても危ない感じです。就職活動の細部にわたってサポートが必要なのかもしれません。どうしたらいいでしょう。

履歴書を書く際にもサポートが必要

実は、履歴書をうまく書けない発達障害者は多いのです。あるASDの人は、理科系の大学院を出ておりIT技術では卓越した能力を所持しているのに、どの企業も面接まで行くことができずに、書類審査で落とされました。履歴書を確認したところ、既往症の箇所に「3歳ではしかにかかり、4歳で風邪をひき、5歳で頭が痛くなり……」と、記憶しているけがや病気をすべて書き連ねていました。企業の人事担当者は病気が多すぎると判断し、書類審査で落としたのかもしれません。

履歴書は、本来自己アピールするためのものなので、マイナス面はあまり書く必要はありません。逆に、取得した資格や特技などを記載すべきなのです。しかしながら、聞かれた事実を正直に記載してしまうことが多いＡＳＤの人には、このような履歴書の書き方のサポートも必要になってくるのです。

今から学ぶには…

千葉県の幕張にある障害者職業総合センターでは、発達障害者に特化した就労支援プログラムが組まれています。ここでは、履歴書の書き方なども指導してくれます。この障害者職業総合センターは本部ですが、各都道府県にも地域障害者職業センターが設置されています（p93参照）。ここで職業準備支援事業という2か月間の就労前のトレーニングがあり、その中で履歴書の書き方等の指導をしてくれます。

近年は、就職活動に励む学生向けに「就活塾」「就活生のためのビジネスマナーセミナー」といった塾や研修講座を開くところがありますが、多くは一般の学生向けです。なかには発達障害学生を受け入れるところもありますが、実際には障害の特性を十分には把握していなかったり、受講成績がふるわない学生は辞めさせられたり（合格率が下がるとスクールの評価が落ちるため）と、少々問題のあるところもあるので、注意が必要です。

先生、相談です。

面接対策① アピールするところを明確に

面接については書店で数多くの面接スキルの本が売られていますが、型どおりの面接スキルを習得したとしても企業の人事担当者は何百人、何千人の求職者の面接を行ってきているため、人を見る目の達人です。とりわけ、ASDの人たちは対人スキルが困難なため、面接で落とされることが多いのです。

面接にあたっては、自分の得意なところと苦手なところをまとめてサポートノートを作っておくといいでしょう。

「私は人との会話は苦手ですが、パソコンの作業はとても得意です」といったように。東京駅八重洲口にあるトーマツチャレンジドという特例子会社では、知的に高く大学を卒業したASDの人たちがたくさん働いています。職務内容の一つにノートパソコンのセットアップというものがあります。何台ものパソコンのセットアップを行うのは、定型発達の人にとっては苦痛になりますが、パソコンが好きなASDの人たちは、飽きずに、ずっと続けていくことができます。このようなユニークな能力をまとめておくと、アピールするところが明確になって心強いでしょう。

面接対策② 支援者のサポートを受ける

そしてまた、何でも自分で解決するという発想ではなく、苦手な面接には援助を受けてもいいという考えで臨みましょう。すなわち、支援者と一緒に面接を受けるのです。前もってまとめておいたアピールポイントをうまく説明できない場合は、ジョブコーチや障害者職業カウンセラーの人たちに通訳のような援助を受けてもかまわないのです。

苦手な対人スキルを急に高めることはできません。できないことは人の援助を受けてもいいと考えると、気持ちが楽になります。

身だしなみ、マナーは日頃の積み重ねで身につけておく

ただ、面接を受けるにあたって最低限、身につけておいたほうがいいスキルというものはあります。

まずは、面接官に好印象を与えるための身だしなみです。面接の段階で、シャツが出ていたり、髪の毛にふけがついていたりすると、面接官に与える印象は格段に悪くなります。また、遅刻をせずに時間前に相手先に着いておくのは当然のマナーです。

このような日常生活で最低限必要なスキルは、小さいときからの積み重ねで身につけておくべきだといえるでしょう。

先生、相談です。

就労準備

高3 女子

LD

通常学級に在籍

29 どうしても苦手なことがある場合、就職先にどう伝えたらいいのでしょう

学校の勉強で極端に算数・数学が苦手でした。高校生の現在でも足し算、引き算で繰り上がりや繰り下がりがあるものはできません。このようにどうしても苦手なことがある場合、就職は難しいのでしょうか。就職にあたって、相手先にどのように伝えたらいいのでしょうか。

どうしても苦手なことは、それを必要としない職種を選ぶ

ＬＤのなかには、読むことが苦手なディスレクシア（Dyslexia）、書くことが苦手なディスグラフィア（Dysgraphia）のほかに、計算が苦手なディスカリキュリア（Dyscalculia）という障害があります。小学校の頃から一貫して計算が苦手というのは、娘さんもこれにあたるといえそうです。

世の中の仕事すべてに計算が必要とは限りません。先に述べたように、わが国には約330種の職業分類があります。職種はそれよりずっと多いので、苦手な計算を必要としない職種を選べばいいのです。

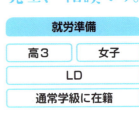

「無印良品」として全国に310店舗以上を展開している㈱良品計画では、障害者に理解のあるハートフル店舗が20店舗程度存在し、障害の特性に応じた支援がなされています。その一つとして、計算が苦手な人は電卓を使えばいい、それも難しいようであれば他の職務を考えるというように対応しています。

事実を具体的に伝える

仕事そのものは、企業により合理的な配慮がなされるようになってきています。そのためには、自分は何が得意で何が苦手かという自分自身の特性をまとめた「サポートノート（自分の取扱説明書）」を作成し、職場の上司や同僚に説明しておくのも有効です（35参照）。

もちろん、この場合は、自分が発達障害の中のＬＤであるということをカミングアウトしておくことが前提となります。

ＬＤは、医療機関で診断を受けることもありますが、どちらかというとＡＳＤやＡＤＨＤに比べ、医療機関というよりも教育機関で判断されることが多いようです。発達障害者支援センター等では専門の臨床心理士等が知能検査などの心理検査を実施してくれるところもあります。その検査の結果など、客観的な資料を提示して説明するのもいいでしょう。

先生、相談です。

主治医など第三者から伝えてもらう

本人や家族より、第三者からの説明のほうが受け入れられやすいこともあります。診断を受けていれば主治医、あるいは就労支援を受けている機関の専門家に、苦手なところや得意なところを客観的に説明してもらうといいでしょう。直接出向いて説明してもらうのが難しければ、文書にしてもらい、渡す方法もあります。

長所・得意なことが生かせるように…

シンヤさん（仮名）の例です。シンヤさんはＬＤとＡＤＨＤが重複しており、よく数字が混乱します。１時に待ち合わせをして７時に来てしまうというように、１と７が混乱してしまうのです。日用雑貨品の会社で働くシンヤさんは、あるとき収支決算の仕事をしている際に、台帳に記載する数字の 10,000 円を 100,000 円と記載し、会社に大損させてしまったことがありました。

シンヤさんは人あたりがよく、笑顔がとてもすてきな人です。会社では、相談のうえ、数字を扱う事務作業ではなく、接客の作業に配置換えをしました。そうすると、ミスなく意欲的に仕事に取り組めるようになりました。とても親切だとお客さんからの評判が大変よく、本人も楽しくがんばっています。

ＬＤの人は、対人行動などには課題がないことが多いので、娘さんも、苦手な部分さえうまく回避できれば、きっと得意なところを生かして働けることでしょう。

コラム

LDの定義と知的障害

LDの定義には各種あり、一定しません。文部科学省の定義では、読む、書く、聞く、話す、計算する、推論する能力のうち一つまたは二つ以上で遅れがめだち、知的障害や身体障害、環境が原因ではないもの、とされています。

つまり、定義上知的障害はないものとなっていますが、LD親の会に所属する人のなかには、軽度の知的障害からボーダーラインの人たちも多く存在し、知的障害者更生相談所で相談・検査の結果、療育手帳を取得できる人たちが多い現状です。取得できない場合でも、地域障害者職業センターで手先の器用さや日常生活（ライフスキル）が不十分な場合は、職業上の知的障害者の判定書を取得できる可能性があります。

なお、本書ではLDをLearning Disabilities（学習障害）と表記していますが、アメリカの精神障害診断統計マニュアルDSM-5では、Specific Learning Disorder（限局性学習症／限局性学習障害）という名称で示されています。

先生、相談です。

就労に向けて

22歳　男性

ASD

大卒・無業

30 障害者手帳を取得して障害者枠でなら、必ず就職できますか

息子はなんとか大学を卒業しましたが、就職につまずき、現在、障害者手帳の取得を考えています。障害のない人と競争して普通に就職するのは難しいようなので、障害者枠でチャレンジしたらどうかと相談しているわけですが、でも、障害者手帳を取得すると必ず就職できるのでしょうか。

必ず就職できるとは限らないが…

発達障害のある人は、療育手帳か精神障害者保健福祉手帳を取得すれば、障害者を対象としたさまざまなサービスを受けることができ、障害者枠での求人に応募できるのは、23で紹介したとおりです。

このうち、各種のサービスについては、条件を満たせば通常必ず利用できますが、就職に関しては、必ず就職できるというわけではありません。求人には当然ながら定員が設けられており、求職者の間で選抜を行うことになるからです。ただ、選抜に漏れたからといって、そこで終わりではなく、引き続き、障害者を対象とした就

労支援サービスを利用することができます。

柔軟な就労形態からトライできる

就職にあたり、選考を受けてすぐにフルタイムの正規雇用になるのではなく、柔軟な就労形態からスタートできる制度があります。

【トライアル雇用】民間企業での3か月間の試行雇用の制度で、トライアル雇用（障害者試行雇用支援事業）といいます。企業側からすると障害のある人がどのような能力をもっているかわからず雇いにくいので、とりあえず3か月間だけ雇用してみてもらうというものです。このトライアル雇用では、企業は3か月以上雇用する義務はありません。しかしながら、この3か月の間に問題なく仕事ができることがわかれば、継続して雇用してもらう可能性が出てきます。

無印良品で著名な㈱良品計画では、このトライアル雇用を経由してから正式雇用をしています。同社では、発達障害者の場合は診断や判断によって、発達障害者であることが証明されれば、発達障害者に特化した就労支援を受けることができますが、この障害者雇用率にも関係する雇用についてだけは、手帳取得者が対象となっています。

【ステップアップ雇用】精神障害者および発達障害者の職場への適応状況等に応じて徐々に就労時間を延長し、週20時間以上働くことを目的としている事業にステ

ップアップ雇用というものがあります。これは、最初から長時間で働くことが困難な人に対する、一日2時間程度から仕事を始め、徐々に時間を延ばしていくという支援です。ステップアップ雇用の期間は3か月以上12か月以内となっており、この事業を引き受けた企業には、ステップアップ雇用奨励金として対象者1人につき月額2万5千円（就労日数等による調整あり）が支払われます。

ステップアップ雇用で無理なく働くテツヤさんの例

小中学校、高校と通常の学校を卒業したテツヤさん（仮名）は、弟さんが重度の知的障害を伴うＡＳＤと診断されています。自分は弟とは違って、知的に問題はないので就職はすぐにできると考えていました。しかし、どの会社を受験しても不合格となりました。自分のこれまでを思い返してみると、弟とは異なるものの対人関係は苦手だし、コミュニケーションもうまくとれない、独特のこだわりがある……。専門の医療機関に行ったところ、ＡＳＤとの診断を受けました。

その後、地域障害者職業センターで2か月間の職業準備支援を受ける中で、職業上の知的障害者の判定を受けました。このときにテツヤさんは、こう考えたのです。今までうまくいかずに生きにくかったのが、自分のわがままな性格のせいではないと国がちゃんと認めてくれた。自分の特性をオープンにできると大いに喜び、障害者として就職することができました。

現在、特例子会社で働いていますが、ステップアップ雇用を利用し、最初は一日2時間からの短時間就労でした。その後、仕事に慣れてくるにつれ徐々に時間を延ばして、今は8時間になっています。職場では、自分の苦手なところを同僚・上司が理解してくれるので、とても仕事がしやすく、やりがいがあると話します。

先生、相談です。

就労に向けて

23歳 女性

ASD

求職中

31 支援機関の担当者の無理解に苦しんでいます

小中学校、高校、大学と、あまり問題なく過ごしてきました。ところが、就職試験にことごとく落ち、半ばうつ状態となり、精神科でアスペルガータイプのＡＳＤと診断されました。その後、相談に行った障害者の就労支援機関で、学歴が高いのに就職できないのは「あなたが悪い」と言われ、さらに苦しんでいます。

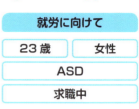

発達障害への理解は徐々に進んでいるが…

近年就労支援者に対する発達障害特性理解の研修も行われているので、今後はより理解が進んでくると思いますが、アスペルガータイプのＡＳＤの人のなかには、高学歴で、対人関係やコミュニケーション能力以外の部分ではほかの人よりずっと優れた人も多く、そのギャップのためもあって、まだまだ理解が進んでいるとはいえません。

理解の進まない現状は残念ですが、そういう状況だということを冷静に認識しておくことにしましょう。ことさら悲観することなく、状況に応じた対策を考えるほ

うが賢明です。

相談先、相談の相手を変えてみる

障害のある人の就労支援機関はハローワークの専門援助部門、地域障害者職業センター、障害者就業・生活支援センター、発達障害者支援センター、就労支援センター、就労移行支援事業所などさまざまです。一か所の支援機関だけではなく、いろいろな支援機関で相談することも考えてはどうでしょうか。

また、支援機関の支援員の人たちもさまざまです。熱意はあるものの、利用者の思いをちょっとおいてしまい、勝手に支援を進めていってしまう人もいます。担当者との相性の問題ということもあり得ます。その担当者の上司と相談ができれば、担当者を変えてもらうことも一法です。

ASDの人が就労でうまくいく三つの要素

ASD者の支援で世界的に有名な米国ノースカロライナ州TEACCHで実施されているTEACCH Autism Programでは、ASDの人が就労でうまくいくための要素を三つ挙げています。

一つ目は、見通しのもてる仕事であること。次に何をしたらいいかわからない仕事では、混乱しまうからです。二つ目に、行う仕事がわかりやすく構造化されてい

ること。ＡＳＤの人たちは視覚優位の人が多いので、作業内容を視覚的に示す工夫がなされていることです。併せて、感覚過敏がある場合などには刺激を遮断するなどの工夫もされていること。そして、最も大切なのは三つ目、職場の同僚・上司の受け入れ態勢です。

相談機関だけではなく、職業訓練や実習、そして実際に就職する可能性のある企業等で、ＡＳＤの特性を理解してもらっていることが、就職後の定着につながっていくのです。

コラム

熱心な無理解者

支援者のなかには、とても熱心でありながら（熱心だからこそ？）、発達障害の人の望むニーズに対応していない、専門家とよばれる人たちがいます。

たとえば、ＡＳＤの人は視覚優位だと思い込むあまり、言葉でわかる部分もあるにもかかわらず、すべて視覚支援が必要だとか、専門によっては営業ができるにもかかわらず、対人関係が不得手だから人と接触する仕事はまったくだめだと考える人。ＬＤの人には語句の区切りに斜線を引く、あるいはスペースを空けると読める場合もあるのに、読字困難があるから文章を読ませるのは困難だと考える人などです。

ＡＳＤやＬＤにはそれぞれの特性はありますが、あくまでも大枠です。支援は人それぞれ個別です。本人のニーズや困っている気持ちをきちんと理解し、その人個人に合った支援を考えるべきなのです。

先生、相談です。

職業生活のサポート

先生、相談です。

職業生活のサポート

28歳　男性

ASD

求職中

32 専門的技能をもっていますが、仕事や職場に慣れるまでが心配です

息子は理工系の大学院を出ています。習得した専門的技能を生かして就職したいのですが、人とコミュニケーションをとるのが苦手で苦戦しています。仕事や職場に慣れるまで、そばについて支援してくれるジョブコーチという制度があると聞きました。息子のように、専門的な仕事に就く場合も支援してもらえるのでしょうか。

高学歴者の相談が増加傾向

近年、ハローワークや地域障害者職業センター等で高学歴の発達障害者の相談が増加してきています。お子さんのように、専門的技能を得たものの、対人関係やコミュニケーションに不安があるという人は、多いといえそうです。

発達障害、たとえばアスペルガータイプＡＳＤの診断書があれば、ハローワークの障害者コーナーで相談することができます。ハローワークから地域の障害者職業センターを紹介されると、ジョブコーチなど就労支援の担当者が支援をしてくれることがあります。

一口に「ジョブコーチ」といっても…

わが国におけるジョブコーチによる支援は、国の制度として地域障害者職業センターが実施するもののほかに、県や市町村など地方自治体の事業として行っているもの、民間の社会福祉法人などが独自に行っているものなど、さまざまです。「ジョブコーチ」という名称はJob（仕事）のCoach（コーチ）から来ています。基本的には、障害のある人の勤務する事業所でその人と一緒に働き、仕事を教え、そこで生じるさまざまな問題を解決していくことがおもな業務です。

国のジョブコーチ制度には三つのタイプ

国の制度として実施しているジョブコーチは「職場適応援助者」という名称になっており、配置型職場適応援助者、第1号職場適応援助者、そして第2号職場適応援助者の３タイプがあります。

配置型職場適応援助者は地域障害者職業センターに配置されており、センターの職員です。センターの障害者職業カウンセラーによる職業アセスメントにより、ジョブコーチによる支援が有効とされる人が支援を受けます。

第1号ジョブコーチは、障害者就労支援を行う社会福祉法人、ＮＰＯ法人等に所属しており、ジョブコーチの研修を受けた人が該当します。そして、その職場適応援助者が所属する法人に対し、第1号職場適応援助者助成金が支給されます。「配

置型」に対して、「派遣型」ジョブコーチともよばれます。

第2号ジョブコーチは、就労支援機関ではなく企業に所属しており、自社で雇用した障害者を支援するジョブコーチなので、企業の業務内容を熟知した従業員が担当します。第1号同様、厚生労働省の認定機関の行う研修を受ける必要があります。障害者を雇用して支援を行った場合に、その企業に対し、第2号職場適応援助者助成金が支給されます。「配置型」「派遣型」に対して、「職場内」ジョブコーチともよばれます。

専門的な仕事に必要なのは職場内ジョブコーチ

ジョブコーチはもともと知的障害者の支援から始まったこともあり、その役割は、仕事を教えるという点が重要でした。支援相手の障害者が仕事を覚え、職場に慣れてきたら徐々に支援の場面を減らし、やがては職場訪問の頻度も減らしていく形でフェードアウトしていきます。

しかし、専門的な仕事の場合は、専門知識のないジョブコーチが教えることは不可能です。対応できるのは、先ほど紹介した三つのタイプのうち、業務内容を熟知した人が担当する第2号ジョブコーチということになります。息子さんも、可能なら、この第2号ジョブコーチの支援が受けられると理想的です。

コラム

ジョブコーチという支援者

米国では、１９８６年に「リハビリテーション法」が改正されて、Supported Employment（援助つき就労）というものが始まりました。

これは、おもに知的障害の人たちを対象としており、従来の職業訓練などでは就職できなかった知的障害者に対し、「訓練してから就職する」のではなく、「就職した場所で支援を」という発想の転換が図られたのでした。その中心的な役割を果たす支援者がジョブコーチといわれる人たちで、就職する企業の職種を検討したり、行うべき職務の分析を行いながら仕事ができるように援助をしたりします。この援助つき就労制度によって、知的障害者の就労率は劇的に上昇しました。

わが国でも、地域障害者職業センターに職場適応援助者という名称でジョブコーチが配置されるようになり、また、障害者就業・生活支援センターでは、仕事の援助だけではなく生活支援もしてもらえるようになりました。

先生、相談です。

職業生活のサポート

22歳　男性

ADHD

特例子会社で就労

33 毎日遅刻せずに出勤するのが難しいようです

ADHDと診断された息子です。特例子会社に就職できたのですが、毎日遅刻しています。このままだと解雇されるのではないかと心配です。自立を考えグループホームに入居させていますが、目覚まし時計などを準備させても時間どおり出社することが難しい状況です。どのような指導をすればよろしいでしょうか。

必要なライフスキルが獲得できている?

働いて独り暮らしをするには、どのようなライフスキルが必要でしょうか。平日について考えていきましょう。朝起きてから寝るまでの、仕事を除く一日の生活の流れを考えると、人によって異なりますが、最低限左の表のようなスキルが必要です。もちろん、年齢や地域、家族構成や人づきあい、趣味などによって活動内容や順番などが異なる部分もあるので、一つの例にすぎません。ただ、多くは大人になった私たちが生活していくうえで一般に行っているスキルだといえるでしょう。

次に一週間の生活ではどうでしょうか。p153に示してみました。一週間になると、

[働く成人に必要な一日のライフスキル（平日）]

1. 朝決まった時間に自分で起きることができる
2. 起きたら顔を洗うことができる
3. 朝食をとること（自炊の場合は調理や食器洗いも）ができる
4. 歯を磨くことができる
5. （男性の場合）ひげをそることができる
6. （女性の場合）化粧をすることができる
7. 髪をセットすることができる
8. 適切な服に着替える（靴、靴下も含む）ことができる
9. 家に鍵をかけることができる
10. 乗り物を利用する（車の場合は運転する）ことができる
11. 遅刻をせずに職場に行くことができる
12. （職場により）タイムカードを押すことができる
13. （職場により）適切な職場の服（制服や作業着）に着替えることができる
14. 上司、同僚に「おはようございます」の挨拶をすることができる
15. （午前中の仕事を終えると）昼食をとることができる
16. 昼休みに適切な余暇を過ごす（コーヒーを飲む、雑誌を読むなど）ことができる
17. 仕事が終わったあとにタイムカードを押すことができる
18. 状況に応じて残業をすることができる
19. （職場により）職場の服から自分の服に着替えることができる
20. 終業後に上司や同僚に「失礼します」の挨拶をすることができる
21. スーパーやコンビニで買い物をすることができる
22. ATM を利用することができる
23. 帰宅すると手を洗うことができる
24. 夕食をとる（自炊の場合は料理をし、食器を洗う）ことができる
25. 入浴すること（洗髪も含む）ができる
26. パジャマなどの部屋着に着替えることができる
27. テレビを見たり CD を聞いたり（ゲームや読書も）余暇を楽しむことができる
28. 寝る前に歯を磨くことができる
29. 適切な時間に就寝することができる

土曜、日曜があるので、余暇が大きなウエイトを占めます。また、週末にまとめて買い物や洗濯、掃除をする人もいるでしょう。爪切りも必要です。

併せて、一か月、一年間、もっと長いスパンで必要となるスキルも示してみます。

獲得できるスキルは指導、そして必要に応じてサポートを

これらのスキルは、通常は常識の範囲内といえるでしょう。しかし、発達障害の人たちのなかには、この常識的なスキルに困難がある人が多々見られるのです。

できているところは、当然指導や支援の必要はありません。一部できるスキル（芽生えスキル）については、指導すれば獲得できる可能性のあるスキルなので、指導目標として設定し、指導していくことが望まれます。しかし、どうしてもできないスキルがあった場合、そのスキルは現段階では獲得が難しいスキルと考えるべきなのです。サポートする方法を考えましょう。

特性に応じ、有効な方法で身につけていく

言葉での指示よりも視覚的指示のほうが理解しやすい場合があります。一日の活動スケジュールを視覚化し、行う活動を一つずつチェックしていくといったスケジュール管理で、遅刻をなくした人がいます。一日ができたら、一週間、一か月と徐々に広げていき、行う活動（ライフスキル）を明確にすることが大切です。

[成人に必要な一週間・一か月・一年間などのライフスキル]

一週間

1. 土曜、日曜に（友人と会ったり）適切な余暇を楽しむ
2. 週に一回は爪を切る
3. 土曜、日曜に必要なものをまとめて買う
4. 洗濯をする（コインランドリーの使用も含む）
5. ゴミを出す
6. 掃除をする

一か月

1. 散髪、美容院に行く（女性の場合は２か月に１回程度？）
2. 友人と会ったり、旅行等の余暇を楽しむ（自宅に帰るも含む）
3. 部屋代、電気・ガス・水道・携帯電話代、習い事などの費用を確認し、きちんと納入しておく
4. 給与を適切に計画的に使う（貯金や高額な品物の買い物など）
5. 月に一度の大型ゴミのゴミ出しなども確認して行う

一年間

1. 歯医者に行くことができる
2. 健康診断を受けることができる
3. 車を利用している場合は点検を受けることができる
4. 学生の場合は履修申告ができる

その他

1. 必要に応じて病院にかかることができる
2. 貯金ができる
3. 高額なもの（家電など）を計画的に購入することができる
4. 新聞や宗教団体、不要な商品購入の勧誘などを適切に断ることができる
5. 近所の人に挨拶ができる
6. 必要に応じた買い物（メガネやコンタクト、医薬品など）ができる
7. 何か問題が生じたときに保護者や支援者に連絡することができる
8. いやなことがあっても自分でストレスを解消することができる
9. その他、必要に応じたライフスキル（緊急時の対応など）ができる

このようなソフトスキルの指導には、障害者就業・生活支援センターでも対応しており、そちらのサービスなど受けることもお勧めします。

先生、相談です。

職業生活のサポート

24歳 | 男性

ASD

一般就労

34 ペース配分が苦手で、倒れるまで働いてしまいます

大学を卒業したASDの息子のことで相談します。一所懸命仕事に取り組むのですが、ペース配分が苦手で、倒れるまで働いてしまうことがありました。今後長い職業生活を考えると、将来、無理がたたって病気になってしまうのではないかと心配です。

自分の体調を把握するのが困難

ASDの人のなかには、自分の体調や疲労の度合いを把握できず、無理をして病気になってしまう人がいます。

著者の知るあるASDの人は、インフルエンザにかかって40度近い熱を出しながらも出勤してきました。インフルエンザは人に感染してしまう可能性があるので、自宅で療養する必要があります。よって、この人の場合は、毎朝に体温を測ることをスケジュール化しました。そして、その体温が38度以上になると、会社に連絡をとって欠勤するということの指導を行いました。

また、職場内ジョブコーチと相談し、仕事中も午前10時に10分間、昼休みに1時間、午後3時に10分間の休憩をとるスケジュールを作成しました。そして、タイマーを活用して、しっかりと休憩をとってもらうことにしました。このように、自己管理ができない場合は、他者と相談し、自分に合ったスケジュールを作成してもらうことも有効です。

仕事のペースをつかむための支援

別の人の例です。仕事に必要なスキルはあり、丁寧にやりとげることはできるのですが、自分の状態や周囲の事情を総合的に把握して、仕事のやり方を調整することが難しいようでした。たとえば、丁寧すぎるあまりスピードが遅くなり、ほどほどのできばえでいい場合にもスピードアップができないといった課題を指摘されていました。

これに対応して、二つの支援が行われました。一つは、仕事の指示を記した手順書に、期待するできばえを具体的に記述したことです。ときには写真や実物で視覚的に提示しました。もう一つは、評価のフィードバックです。つまり、仕事の成果について、そのつど「ＯＫ」「適当すぎ」「丁寧すぎ」と評価し、経験を積んでいく中で理解を進めてもらったのです。そうして、仕事の適切なペースがつかめるようになっていきました。

体調チェック表で疲労度を客観的に把握できるように

この人はまた、自分の疲労の度合いを判断することが苦手でした。また、一所懸命働くことに対する強いプライドがあり、体調に合わせた仕事の仕方の判断、状況によっては上司に相談するといったことが難しかったのです。

そこで、直接支援しているジョブコーチが日頃のようすを観察して、体調チェック表を作成、本人が自分で体調管理ができるようにしました。どのような状態になると疲労していて、あとで影響が出るか、そのポイントをリストアップした体調・気分のチェック表です（p157の表）。地域障害者職業センターのカウンセラーが使う、ストレスチェックのシートを参考にして作成しました。

毎日チェックして、チェックのついた疲労サインの数などで「正常」「要注意」「要休息」「要相談」の4段階で評価する、体調管理の目安表（下表）も用意してあります。

［体調管理の目安表］ ※数字は疲労サインの数

3以下	4～6	5以上の日が1週間続く	5以上の日が3週間続く
正常 現状維持を心がける	**要注意** 健康面に注意を払い、気をつける必要あり。その日の運動は控える	**要休息** 避けられない予定がある場合を除き、土曜、日曜は外出を控える	**要相談** 支援者・職場の上司に相談する

[体調・気分のチェック表の例]

日・天気		○／○（○）	○／○（○）
出来事			
備考（通院状況等）			
体調・生活習慣	食事回数・食欲の有無 息苦しい感じがあるか 体温 便通回数 睡眠（就寝時間～起床時間・夜中に目が覚めたか） 運動（内容、回数、時間等） 体重		
気分チェック	午前中の気分（理由） 午後の気分（理由） 夜の気分（理由）		
疲労サイン	該当する項目の□にレ印をつける	□朝起きづらい □日中眠くなる □頭がボーッとする □目が疲れる □肩がこる □イライラする □口調がきつくなる □汗が出る □ため息が出る □否定的になる □ミスが増える □体が重く感じる □帰宅後に疲れを感じる □気が散りやすい	□朝起きづらい □日中眠くなる □頭がボーッとする □目が疲れる □肩がこる □イライラする □口調がきつくなる □汗が出る □ため息が出る □否定的になる □ミスが増える □体が重く感じる □帰宅後に疲れを感じる □気が散りやすい
疲労回復法	実行した項目の□にレ印をつける	□ 6、7 時間は睡眠をとる □お風呂にゆっくり入る □ストレッチをする □コーヒーを飲む □ラジオを聴く □ 10 分でも一人でボーッとする □相談をする □タブレットを食べる □ペットの世話をする □雑誌や新聞を読む	□ 6、7 時間は睡眠をとる □お風呂にゆっくり入る □ストレッチをする □コーヒーを飲む □ラジオを聴く □ 10 分でも一人でボーッ □相談をする □タブレットを食べる □ペットの世話をする □雑誌や新聞を読む

先生、相談です。

職業生活のサポート

20歳 | 女性

LD+ADHD

一般就労

35 契約と異なる、不得意な仕事をさせられています

LDとADHDを重複している20歳の娘がなんとか就職できました。しかしながら、入ったときの契約と異なる、不得意な仕事をまかされるようになりました。仕事にミスを生じ、最近は仕事を辞めたがるようになっています……。

得意な部分だけ見て能力が高いと評価されがち

発達障害の人は見た目ではわからないので、知的な遅れがなければいろいろな仕事ができると思われがちです。また、特に優れた能力がある場合、その能力に対する高評価が人物全体にあてはまると誤解されて、不得意な部分への配慮がなされなかったり、やる気がないせいでミスをしたととられたりすることがあります。

悪気はなく、おそらく無意識の誤解なので、お互いに困ることになります。入社時の契約と異なるということも、実際仕事を指示した側には自覚がないのかもしれません。

契約内容は文書にしておく、交渉は支援者にしてもらう

まずは、就職して行うべき仕事を箇条書きにし、本人、企業および支援機関の人たちで共有しておきましょう。仕事に就く際に地域障害者職業センターや就労移行支援事業所等の支援を受けていれば、その支援者と相談して、交渉してもらうといいでしょう。

できない仕事を無理にさせられるのは虐待にほかなりません。ただ、上司の異動などにより、うまく引き継ぎがなされずに、うっかり不得手な仕事をまかされたりする可能性がないとはいえません。そのような問題が生じた際には、本人が一人で上司に説明するのではなく、支援機関の人たちに間に入ってもらい、三者間で職務内容を確認するのが得策です。

就職して月日が経つと変化がいろいろ生じてきます。直接上司と掛け合うことは角が立つ場合もあるので、その支援者と相談して、交渉してもらうといいでしょう。

理解を得るために用意するといいもの

発達障害は、ＬＤ、ＡＤＨＤ、ＡＳＤとその特性が異なるだけではなく、年齢や家庭環境などによっても一人ひとり違います。そこで、職場での理解を得るために個別のサポートノート（サポートブック）を作成することをお勧めします。

一般に、企業でともに働く可能性のある同僚・上司の人たちは発達障害について

詳しい人は少ないのが現状です。よって、まずは、どのような人物なのかのプロフィールや発達障害特性、そしてどのようなことならできて、どのようなことが不得手なのか、またどのような配慮があると仕事がしやすくなるかなどをまとめることが必要です。

サポートノートやサポートブックのテンプレートはインターネットで数多く示されています。合いそうなテンプレートを探してみるのもいいでしょう。

なお、厚生労働省が「高校生のための就職活動サポートブック」というものを紹介していますが（http://www.mhlw.go.jp/shingi/2008/12/dl/s1201-8l.pdf）、就職の際の心構えとQ＆Aが示されたもので、ここで述べるサポートブックとは別物です。

サポートノートは必要に応じて改訂していく

サポートノートは、一度作成して渡したらそのままというのではなく、状況の変化に応じて改訂していくといっそう役立ちます。何度か作成し、説明を重ねていくと、職場の人の理解が徐々に深まり、お互いに働きやすくなるでしょう。

やがては、まわりの人が自らサポートノートの改訂にかかわってくれるといったことも起きるかもしれません。

コラム

サポートノートは本人の「取扱説明書」

サポートノート（サポートブック）は、自分の苦手なところ、逆に得意なところなどを明記して、まわりの人に理解してもらえるような内容であれば、何でもかまいません。

発達障害当事者の、いわば取扱説明書でもあります。指示を出してもらうのにどういう方法ならわかるか、逆に困るのはどんな指示方法なのかといったことも、伝えるようにするとよさそうです。

また、誤解をまねきそうな行動の特徴や癖なども、具体的に説明し、希望する対応法を示しておくといいでしょう。

たとえば、後ろや横から声をかけられても気づきにくい、無視をしているわけではないので、正面から話しかけてほしい、緊張すると独り言を言う癖があるが、気にしないでほしい、どうしてもうるさいときはメモなどで知らせてほしい、といったことです。

先生、相談です。

職業生活のサポート

23歳　女性

ASD

一般就労

36 感覚過敏があって、職場環境に苦しんでいます

アスペルガータイプのＡＳＤの診断を受けた大卒の娘がいます。音や光、においなどに敏感で、集中して仕事に取り組むことができません。このような感覚過敏がある場合、支援を受けることができるのでしょうか。

周囲に認識されることで対策につながる

ＡＳＤの人のなかには感覚刺激に極端に敏感、あるいは鈍感な人がいます。以前はあまり知られていませんでしたが、当事者の発言や研究者の発表などの成果で、徐々に知られるようになってきています。また、２０１３（平成25）年に改訂された米国の精神障害診断統計マニュアルＤＳＭ－５では、診断基準の一部に「感覚刺激に対する過敏さまたは鈍感さ」が加えられました。

解決すべき問題は、問題の存在が認識されることによってようやく対策が立てられます。ＡＳＤの人の感覚過敏の問題も、周囲に認識してもらい、理解されること

で対策につながります。感覚過敏に配慮して環境を見直し、対応がなされれば、感覚過敏のある人も落ち着いて仕事に取り組めるでしょう。

まずは、そのような特性を有しているということを、支援者を通してまわりの同僚・上司に理解してもらうことが必要でしょう。

外部からの刺激に敏感なユウコさんの例

ユウコさん（仮名）は音や光、においなどの外部刺激に敏感で、高速で点滅している蛍光灯のちらつきまで見えてしまうほどです。よって、上司の了解を得て、光の刺激を遮断するアーレンレンズサングラス（コラム参照）をかけて仕事をしています。また、音の刺激にも敏感なので、音を遮断するノイズキャンセリングヘッドフォン（コラム参照）を常時身に着けています。

ある日の昼休みのこと。外出した同僚がパソコンをつけっぱなしにしていました。そのモニターが目に入ってしまったため、ユウコさんはすべてのパソコンの電源を落としてしまいました。同僚が昼食から帰ると、やりかけのパソコン画面がすべて消されているので「誰がやった!?」と大騒ぎに。同僚から問い詰められると、彼女は「モニターがチラチラしていたので、私が消しました」とまったく悪びれず返答したため、大きな問題となってしまいました。

事態を収拾したのは支援者の説明です。ユウコさんの感覚過敏を改めて説明し、

そのために許可を得てアーレンレンズサングラスやノイズキャンセリングヘッドフォンを着用していることへの理解を求めました。

そのうえで、デスクまわりの環境整備を行いました。ユウコさんのデスク両サイドにパーテーションを設置し、刺激を遮断するとともに他者のパソコンが目に入らないようにし、また、パソコンの横に「人のパソコンはさわらない」と書いたメモを貼ることによって（視覚的にわかりやすくした）、現在ではまったくそのような問題は生じなくなりました。

合理的配慮はどの場面でも必要に

２０１６（平成28）年４月から「障害者差別解消法（障害を理由とする差別の解消の推進に関する法律）」が施行されたことにより、企業も障害のある人に対しては「合理的配慮」を行わなければならなくなりました。ユウコさんに対するような支援が、感覚過敏のあるすべての従業員に、普通になされることが望まれます。

コラム

個別性が求められる感覚過敏への対応

蛍光灯のちらつきが苦手というＡＳＤの人は珍しくありません。ミラーボールの点滅ほどに感じる人もいます。対策の一つに、アーレンレンズサングラス（アーレン社の色つきめがね）という光を遮断できるめがねをかけることがあります。

音に敏感で、大勢の声が一斉に入ってきてつらい場合には、ノイズキャンセリングヘッドフォンを着けると、まわりの音を遮断し話し相手の声だけを拾えて役立つ場合があります。

ただ、このような機器の適否は人によって異なります。レンズの色は、専門家に調べてもらい、最も効果的な色を選ぶ必要があります。一方で、アーレン社のものでなくても薄い色のサングラスで視覚のゆがみが軽減した、つばの広い野球帽でちらつきを遮断できたといった例もあります。

また、ノイズキャンセリングヘッドフォンで騒音は遮断できても自分の心臓の音が聞こえ始めてきて、かえって集中できなくなったというＡＳＤの人もいます。

先生、相談です。

職業生活のサポート

24歳 女性

ADHD+ASD

一般就労

37 雑談ができずに休み時間がストレスになるなど、職場で苦労しています

娘は基本的な会話はできるのですが、雑談ができません。とりわけ、女性同士の話についていけないのです。「仕事は好きだけどお昼休みの時間がストレス」と言っています。ADHDとアスペルガータイプのASDが重複していると診断されています。言葉での指示はわかるものの、忘れてしまうという課題も抱えています。

必ずしも人とかかわることを強要しない

ASDの基本的定義は、社会的コミュニケーションおよび対人的相互反応の持続的障害。つまり対人関係そのものが苦手なのです。これは、人と接触するのが嫌いというわけではありません。逆に人にすぐに話しかけるASDの人もいます。ただ、定型発達とよばれている人たちと思考や認知の仕方が異なるので、コミュニケーションにずれが生じます。

したがって、対人関係を強要することは必ずしも望ましいことではありません。仕事そのものが支障なくできているのであれば、休み時間にまで人とかかわること

を求めない、そう割り切るほうが、お互いのストレス軽減になるかもしれません。

同じ障害をもつサチコさんの例

娘さんと同じようにＡＤＨＤとアスペルガータイプのＡＳＤの診断を受けているサチコさん（仮名）は、美術系の大学を出て、現在はコンピュータを使ってイラストを描く仕事をしています。彼女が最も苦手なのは昼休みの過ごし方でした。とりわけ、女性同士で昼食をとる際の会話が苦手でした。アイドルやファッションにまったく興味のないサチコさんは、そのような話題についていくのが苦痛で仕方がないのです。いつしか、お昼になるとそっとトイレで食事をとるようになりました。

そのことを知った支援者が、サチコさんの職場の上司に伝えて説明したところ、会社は昼休みに一人で過ごせる別室を用意してくれました。別室で一人で食事をし、休憩をとることにより、彼女のストレスは軽減され、やがて熱心に仕事に従事できるようになりました。彼女には一人になる時間が必要だったのです。

口頭での指示を忘れてしまうという課題には…

サチコさんも同じような課題を抱えていました。言葉は理解できるので、指示を受けたときは内容を了解するのですが、記憶が定着しない、仕事をするのを忘れてしまうといった状況で、結局ミスになってしまいます。

ＡＳＤの人はビジュアルラーナー（視覚的学習者）といわれており（ｐ29参照）、話し言葉での指示よりも紙に書かれた文字や文章での指示のほうが理解しやすい（頭に入りやすい）場合があります。よって、行う仕事の内容をプリントで示す、指示はメールで行うなどの方法を検討してもらうことも有効です。また、同じ仕事内容を指示する場合は表現を統一してもらうと、混乱せずにすみます。

サチコさんは混乱を避けるため、支援者を決めてもらい、指示はその人からメールでもらうことになりました。質問もその人にメールでする取り決めにしました。

職場内ジョブコーチ、職場内障害者サポーターの配置による支援

企業によっては、職場内ジョブコーチを配置しているところもあります（32参照）。その企業の業務内容を熟知しているため、ハードスキルの部分の支援は、地域障害者職業センター配置の配置型ジョブコーチや社会福祉法人やＮＰＯに所属している第1号ジョブコーチよりも専門性が高いといえます。資格は特にありませんが、配置型や第1号ジョブコーチ同様、高齢・障害・求職者雇用支援機構等の行う第2号職場適応援助者養成研修を修了することが必須となっています。

また、東京都では、障害のある社員が長く職場に定着し、かつ貴重な人材として活躍するために、企業自らが職場における日常的な支援を行っていくことを目的として、障害のある社員をサポートする職場内障害者サポーターを養成しています。

多様な支援者がジョブコーディネーターに

高齢・障害・求職者が応募した2011（平成23）年度の「発達障害者のための職場改善好事例集」で最優秀賞を獲得した富士ソフト企画㈱（鎌倉市）では、職場内ジョブコーチのほかに、カウンセラー、コンサルタント、援助者など、障害者支援に携わる多様な専門家が配置され、効果を上げています。

このような社内の支援者と相談し、同僚・上司との交渉役（ジョブコーディネーター）になってもらい、また、仕事を行う最の有効な理解の仕方などを伝えてもらうことも重要です。

従業員全員によるナチュラルサポートへと

ジョブコーチなど専門の支援者による支援は、無期限に行われるわけではありません。一緒に働く同僚・上司に徐々に支援を受け継いでもらう必要があります。つまり、外部の専門家による支援ではなく、同じ職場で働く同僚の人たちによる自然な（ナチュラル）な支援（サポート）になっていくことが望まれます。

何か問題が生じたときには、ジョブコーチや障害者職業カウンセラーに来てもらって相談することはできます。しかし、支援はやがては、ジョブコーチによって仕事を指導してもらう集中的ハードスキルの面ではなく、職場定着における課題をもに考えていくといったソフトスキル面の支援になっていきます。

先生、相談です。

職業生活のサポート

25歳　男性

ASD

B型就労継続支援事業所で就労

38 パニックやイライラで仕事が長続きしません

息子はアスペルガータイプのASDです。大学を出たあと何か所か就職したのですが、仕事中にパニックを起こしたり、イライラして大声を出したりするので、解雇され、現在はB型の就労継続支援事業所で働いています。このようなかんしゃく行動をうまく制御できる方法はあるのでしょうか。

パニック・イライラの原因を知ることから

ASDの人が起こすパニックは、他人から見ると唐突で、その人が勝手に起こすもののようにとらえられることがありますが、何の原因もなく起こすわけではありません。必ず何らかの原因、引き金になった出来事が見つかるはずです。ASDの人には感覚の過敏（あるいは鈍感）が多く見られることは前述しましたが、そのために、ほかの人にとっては気にもならない刺激がパニックの原因になっていることもあります。イライラについても同様です。

相談の息子さんも、話を聞くと、パニックは、急な変更があったときや自分の能

力を超えた要求を出されたとき、また、上司の叱責の声などに反応して生じるようです。

原因に応じた対策を

原因がわかれば対策が立てられます。そういう事態になることを事前に回避するわけです。たとえば、息子さんの場合は、予定変更は前もって知らせてもらう、仕事の内容についてはよく相談する、レベルアップは少しずつにする、なるべく穏やかに話してもらうなどの対策があるでしょう。

感覚の問題も含め、特性を説明し、対策に応じてもらえるよう、職場の理解を求めましょう。できれば、本人をよく知る支援者に交渉してもらうのがいいでしょう。

カームダウンの場所を用意

原因となる事態がなるべく起こらないようにと対策をとっても、回避できずパニックになってしまう場合もあります。そういうときのために、気持ちを落ち着かせるための場所を用意しておくのもいい方法です。その場を一旦離れるのです。

ＡＳＤ支援で世界最先端といわれている、米国ノースカロライナ大学医学部のTEACCH Autism Programでは、アセスメントに基づいた「構造化」による指導を行っています。構造化とは、ＡＳＤ者を定型発達者にするような治療や教育では先生、相談です。

なく、ＡＳＤ者が活動をしやすいように環境を変えていく、すなわち合理的な配慮を行うことなのです。知的に重いＡＳＤ者は、言葉によるコミュニケーションが難しいことで、急な変化や大声での叱責などでパニックを起こすことがあります。その際に、カームダウンエリアという一人で落ち着ける場所に行くように指導しています。

その結果、イライラや怒りが生じたときには、自分でカームダウンエリアに行って、気持ちを落ち着かせるといったセルフコントロール（対処法）ができるようになってきます。知的に高いタイプの場合でも、自分でコントロールできない状況になったら、そのようなカームダウンエリアに行ってリラクゼーションを行うことも有効です。

カームダウンエリアの設定についても、事前に話し合い、職場の理解を得ておきたいものです。

自らコントロールするすべをもつ

パニックや怒りのコントロール法として、アンガーマネージメントという方法があります。文字どおり怒りを管理するというものです。怒りについてその原因を書き出し、怒りのレベルを点数化したりすることによって、自分が抱えている怒りはどのようなものなのかを冷静に分析します。そして、自分の気持ちや問題点を相手に伝え、問題を解決するために適切な行動がとれるような感情のコントロールを習慣づける方法です。

TEACCH Autism Programでは、ASDの人のパニックコントロールとして「Relax」と書かれたカードを渡して、深呼吸をさせるような指導を行っています。先に述べたカームダウンエリアについても、「サンクチュアリ（聖堂）」というカードをやりとりし、自らカームダウンの行動がとれるようにする取り組みもなされています。

先生、相談です。

職業生活のサポート

30歳　女性

ASD

離職中

39 体調を崩してやむなく退職。受診で障害がわかったのですが…

娘は専門学校卒業後10年ほど事務職に就きました。空気をうまく読めず取引先からクレームが来たり、電話を受けながらメモがとれないなどミスも多く、やがてうつになり退職しました。そして先頃アスペルガータイプのASDと診断されました。娘はホッとしたと言いますが、親としては、今さら障害といわれても、と複雑です。

ホッとする娘さんの気持ちに寄り添うと…

知的障害のないADHDやアスペルガータイプのASDの人たちは、子どものときではなく大人になってから診断される人も数多くいます。そして、診断されると、娘さんと同様に「ホッとした」と話す人も多いのです。それは、今まで他者とうまく対応できないことについて、学校や家庭で「あなたが悪い」と言い続けられ、努力しようとしてもどのようにしたらいいのかわからなかったので、そういう障害が自分の特性だとわかったからだそうです。

それまでの、自分の「悪さ」が自分ではわからない状態が、それほどまでにつら

かったのだと想像してみると、ホッとする気持ちにも寄り添えるのではないでしょうか。

不調は能力に合わない仕事のせい

娘さん自身、障害に気づかず、また、就職した会社でも発達障害を理解しているわけではなかったので、能力や興味とかけ離れた職種や職務に従事することで、無理がたたって精神的にまいってしまったのでしょう。娘さんや親御さんが自分を責める必要はありません。

発達障害の人の就労で最も大切なのは、適切なジョブマッチングとワークシステムといわれる従事する仕事の合理的配慮、そして一緒に働く職場の同僚・上司の発達障害に対する理解です。今回はジョブマッチングの問題だと割り切り、新たな職場へ再チャレンジすることを考えてみましょう。

適切なジョブマッチングのために手帳取得も検討して

アスペルガータイプのＡＳＤと診断されたわけですので、場合によっては精神障害者保健福祉手帳を取得することも検討してみましょう。

２０１８（平成30）年から精神障害者の雇用が義務となり、企業は以前にも増して精神障害者の雇用に取り組まなければならなくなっています。手帳を取得して、

就労支援機関の支援を受けて、娘さんに最も合う職種、そして合理的配慮を受けられるような企業での就職のほうが、安心できるかもしれません。娘さんとよく話し合ってみてはいかがでしょうか。ただし、その話し合いにおいては、以下に述べるような考え方を前提にしてください。

障害をオープンにするかどうかはケースバイケース

障害のある人の就職は、すべて障害をオープンにしなければならないというわけではありません。発達障害の人のなかには、とりわけ知的に高いＡＳＤ者のように、ＩＴ技術などに長《た》けている人のなかには、自分に障害があるということも知らずに就職して定着している人もいます。これは、その人の能力と職場が求めている能力が非常にマッチしているからだと考えられます。

一方で、ＬＤの人に読み・書き・計算が必要な仕事を、ＡＤＨＤの人に注意力が必要な仕事を、ＡＳＤの人に対人関係を必要とする仕事をまかせようとすると、発達障害の特性ゆえの困難さが生じてくる可能性があります。

こうした場合には、障害をオープンにして、特性に基づく困難さを双方が認め、対応していくのがいいかもしれません。

障害の受容を急ぐ必要はない

しかし、本人が障害を理解していない場合、あるいは、診断を受けたばかりで本人や家族が十分納得できていないといった場合には、無理に「障害があるから」といった押しつけはしないほうがいいのです。まずは、いろいろな仕事にチャレンジしてみるようにしてはいかがでしょうか。仕事をする中で、うまくいかないことが生じたときに、なぜそのような問題が生じるのかを話し合ってみて、徐々に自立への道を検討していくのです。

実は、著者のところに相談に来る人には有名大学の卒業者が少なくないのですが、彼らの多くは、大学在学中までは障害の自己認識がありませんでした。しかし、いろいろな仕事を行う中でうまくいかず、離職して、相談に至ります。その過程の中で、障害を理解し始める人も多いのです。

娘さんも親御さんも、焦る必要はありません。就職という社会との相互作用の中で気づいていく段階で、障害認識ができるようになるのでも、決して遅くはありません。

おわりに　―発達障害の子どもが幸せな大人になるために―

いかがでしたか。本書のQ&Aで、発達障害のあるお子さんが抱えるさまざまな問題とその解決法が、少しでも理解されたのであれば幸いです。発達障害の子どもたちはとてもいい子です。素直で、学校や家庭でのさまざまな問題に一所懸命に取り組んでいます。しかしながら、彼らにとって社会が要求することは理解しがたく、要求に応えるために苦しい思いをしているのも事実です。

1．早期から発達障害に応じた教育、子育てを

発達障害の場合、肢体不自由児のように身体に麻痺《まひ》があるわけではなく、また知的障害児のようにまったく学校の勉強についていけないわけでもないので、努力すれば定型発達児に近づけると考えがちですが、それは誤りです。まずは、できるだけ早期から彼らの特性に合った教育や子育てをすることが大事です。

そしてそのためには、早期の診断が有効です。診断を受け、学校教育や福祉行政におけるさまざまな支援を受けることで適切な子育てができていきます。その際、保護者がすべてをまかなおうとするのではなく、できれば療育手帳あるいは精神障害者保健福祉手帳を取得することによって、チャンスが広がります。

2．働く成人期のために

大人になるとは、働くことといえます。しかしながら、何の情報も経験もなければ就職は難しく、たとえ就職できても対応できずに離職してしまう可能性があります。早期からの意識づけと準備が大切です。いろいろな仕事を知り、できれば体験しておくことが望ましいのです。一緒に見学したりビデオやインターネットを通じて情報を共有し、その仕事に就くために何が必要か、話をしながら将来について考える時間をもつようにしましょう。場合によっては進学先選びも大切です。特性に対する配慮があるか、また発達障害の子どもはいじめの対象にな

ることも多いため、いじめ対策がきちんとなされている学校かどうかも、選択の視点の一つになるでしょう。

発達障害と一口にいっても、LD、ADHD、ASDの特性は異なり、また子ども一人ひとりも違う特性があります。仕事も学校も、適切なマッチングが大切です。親子で一緒に考えていきましょう。

3．ライフスキル獲得のために

何度も述べてきましたが、就労で大きなウエイトを占めるのは仕事そのものができる能力（ハードスキル）よりも、身だしなみや対人関係等のソフトスキルのほうです。そして、ソフトスキルのベースは、小さいころから身につけておくべきライフスキルです。お子さんが現在もっているスキルはどのようなもので、何が獲得できていないか、そして、指導によって獲得できるスキルは何か、どうしても獲得が難しいスキルは何か、整理していきましょう。すべてを一人でできる必要はありませんし、それを強要することはプレッシャーになります。獲得できないスキルについては保護者や支援者と相談する癖をつけておき、支援を受けることも教えていきましょう。

「障害」とは、人に属するのではありません。その人と社会との間の「壁」が障害なのです。その壁を取り除くことで、社会に参加しやすくすることが「合理的配慮」なのです。お子さんに壁を乗り越えようとさせるのではなく、壁を取り除いていく（支援を受ける）ことの大切さもぜひ伝えておきたいものです。

人は誰でも一人では生きていけません。何らかの形で他者の助けを得て生きています。発達障害の場合は、その中身が異なるだけなのです。その意味で、「障害」を安易に「障碍」や「障がい」と書き換えて言葉を濁すのは好ましいことではありません。発達障害のお子さんは、大人になってこそ幸せにならなければなりません。彼らが大人になって幸せな生活を送れるように、早期から成人期を考えた子育てをしていきましょう。

梅永雄二

参考図書

- イアン・ジェイムズ著／草薙ゆり訳『アスペルガーの偉人たち』（スペクトラム出版社、2007年）
- テンプル・グランディン著／中尾ゆかり訳『自閉症感覚―かくれた能力を引きだす方法』（日本放送出版協会、2010年）
- サイモン・バロン＝コーエン著／長野敬・長畑正道・今野義孝訳『自閉症とマインド・ブラインドネス』（青土社、1997年）
- ゲーリー・メジボブ、ジョン・B.トーマス、S.マイケル・チャップマン、エリック・ショプラー著／服巻繁、服巻智子監訳／梅永雄二監修『自閉症スペクトラムの移行アセスメントプロフィール―TTAPの実際』（川島書店、2010年）
- 梅永雄二編著『仕事がしたい！　発達障害がある人の就労相談』（明石書店、2010年）
- 梅永雄二編著『発達障害者の雇用支援ノート』（金剛出版、2012年）
- 梅永雄二編著『こんなサポートがあれば！2―LD、ADHD、アスペルガー症候群、高機能自閉症の人たち自身の声』（エンパワメント研究所、2007年）
- 梅永雄二編著『こんなサポートがあれば！3―LD、ADHD、アスペルガー症候群、高機能自閉症の人たち自身の声［就労支援編］』（エンパワメント研究所、2012年）
- 梅永雄二著『大人のアスペルガーがわかる―他人の気持ちを想像できない人たち』（朝日新書、2015年）
- 梅永雄二監修『15歳までに始めたい！　発達障害の子のライフスキル・トレーニング』（講談社、2015年）
- 梅永雄二編著／栗村健一・森下高博著『発達障害者と自動車運転―免許の取得と教習のためのQ&A』（エンパワメント研究所、2016年）
- American Psychiatric Association 編／日本精神神経学会 日本語版用語監修／髙橋三郎・大野裕監訳／染矢俊幸・神庭重信・尾崎紀夫・三村將・村井俊哉訳『DSM-5 精神疾患の分類と診断の手引』（医学書院、2014年）

著者紹介

梅永雄二（うめなが　ゆうじ）

早稲田大学教育・総合科学学術院教授。1955年福岡県生まれ。筑波大学大学院修士課程教育研究科障害児教育専攻修了。地域障害者職業センター勤務（障害者職業カウンセラー）、宇都宮大学教授等を経て現職。教育学博士、臨床心理士。

おもな編著・訳・監訳・監修書に『アスペルガー症候群・高機能自閉症の人のハローワーク―能力を伸ばし最適の仕事を見つけるための職業ガイダンス』（明石書店、2008年）、『自閉症の親として―アスペルガー症候群と重度自閉症の子育てのレッスン』（岩崎学術出版社、2009年）、『発達障害の人の就労支援ハンドブック―自閉症スペクトラムを中心に』（金剛出版、2010年）、『よくわかる大人のアスペルガー症候群―自分勝手、わがまま…と思われがちな人たちもしかしたら、アスペルガー？』（主婦の友社、2010年）、『完全図解アスペルガー症候群＝ASPERGER SYNDROME』（講談社、2011年）、『よくわかる！自閉症スペクトラムのための環境づくり―事例から学ぶ「構造化」ガイドブック』（学研プラス、2016年）、『アスペルガー症候群の人の就労・職場定着ガイドブック―適切なニーズアセスメントによるコーチング』（明石書店、2016年）、『発達障害児のためのSST』（金剛出版、2016年）などがある。

発達障害の子の子育て相談⑥
キャリア支援
進学・就労を見据えた子育て、職業生活のサポート

2017年3月25日　初版第1刷発行

著　者　梅永雄二
発行人　小林豊治
発行所　本の種出版

〒140-0013　東京都品川区南大井3-26-5　3F
電話 03-5753-0195　FAX 03-5753-0190
URL http://www.honnotane.com/

本文デザイン　小林峰子
イラスト　かつまたひろこ
DTP　アトリエRIK
印刷　モリモト印刷

ISBN 978-4-907582-11-1
Printed in Japan

発達障害の子の子育て相談シリーズ

A５判・２色刷り・160～184ｐ

第１期

❶ 思いを育てる、自立を助ける
著者：明石洋子

❷ 就学の問題、学校とのつきあい方
著者：海津敦子

❸ 学校と家庭で育てる生活スキル
著者：伊藤久美

❹ こだわり、困った好み・癖への対処
著者：白石雅一

❺ 性と生の支援―性の悩みやとまどいに向き合う
編者：伊藤修毅　著者："人間と性"教育研究協議会　障害児・者サークル

❻ キャリア支援―進学・就労を見据えた子育て、職業生活のサポート
著者：梅永雄二

第２期

❼ 片付け、整理整頓の教え方
著者：白石雅一

以下続々刊行予定